양선희 대기자의

글맛나는 글쓰기

Insight
Sharing
글쓰기 ①

인프라편

차례

4	들어가며
10	이 책 사용법

글쓰기의 **지피**지기

16	**글맛의 비밀**
17	한글의 리듬
32	문장의 호흡

51	**문장의 첫인상**
52	문법
84	필자불기

글쓰기의 지피**지기**

94	**문장력의 비밀**
95	독서의 전략
108	지식의 이해
111	소설의 힘
123	철학개론
126	고전의 즐거움

131	**문장의 전략**
132	서사의 욕망
134	글의 공간에 대한 이해

140	**모방의 전략**
141	독서에서 글쓰기로
152	표현력과 상상력
168	실전을 위한 준비

들어가며

 글쓰기의 비법을 묻는 것만큼 나를 난처하게 하는 질문은 없었다. 내게 글은 그냥 써지는 것일 뿐 어떻게 쓰는지 탐색해본 적이 없어서였다. 하나 신문사에서 연조가 높아지며 후배들을 가르쳐야 하는 입장이 되었다. 어떻게 가르쳐야 할지 대답을 찾지 못한 상태에서 회사에서 내게 후배들의 기사를 맡겼고, 기사쓰기를 가르치라고 했다.
 신문사의 글쓰기 교육은 후배가 써온 글을 선배가 고쳐주고, 후배는 고쳐진 글을 보고 배우면서 스스로 익히는 방식으로 전수된다. 도제식 교육. 이른바 '첨삭' 방식이다. 실제로 첨삭만큼 확실한 글쓰기 교육은 없다.
 그러다 '강적'을 만났다. 우리 부서 데스크가 "개인교습을 하든 뭘 하든 기사를 쓸 수 있도록 만들라."며 떠맡긴 친구가 있었다. 처음 이 친구를 맡았을 땐, 어떻게 신문사 시험을 거쳐 들어온 친구의 글쓰기가 이렇게 '널뛰기'인지 도무지 이해할 수가 없었다. 이 친구와 1년. 그 사이 나는 거의 가위눌릴 지경이었고, 아마 그 친구에겐 지옥 같은 1년이었을 거다.
 내가 곧 두 손 들고 항복할 참이었던 어느 날, 이 친구가 올린 박스기사를 보고 깜짝 놀랐다. 글은 계속 축적되다 물미가 터져야 확 달라진다는 걸 알게 된 경험이었다. 이 기사를 데스크하며 메신저로 그 후배에게 문자를 보냈다.

"감동의 도가니다."

이런 경우도 있었다. 내가 팀장으로 있던 팀에 한 친구가 발령을 받아 왔다. 그 친구의 데스크였던 선배가 와서 "좀 고생할 거다. 글이 천방지축이어서 기사가 잘 안 되니 가르쳐 가면서 일을 시키라."고 했다. 내가 원래 남의 말에 좌우되지는 않으니 그런 말을 들었다고 선입견을 갖진 않았다. 하지만 그의 글을 보고 왜 그런 평을 듣는지는 알게 됐다. 나는 그 친구가 넘긴 첫 원고를 보고, 이런 말을 해줬다.

"너는 LA다저스에 가기 전의 박찬호 선수 같구나."

한국 야구에선 박 선수의 제구력 난조 때문에 좋은 선수가 되느니 안 되느니 말이 많았지만, 메이저리그로 가서 제구력 하나만 바로잡고 최고의 메이저리거가 됐다는 걸 비유한 말이었다.

이 친구는 대단히 좋은 문장력을 가지고 있었다. 표현의 범위가 넓고, 강약을 조절하는 법을 알았고, 좋은 단어를 고를 줄 알았을 뿐 아니라 기자 사회에선 보기 드문, 감성적인 면을 건드릴 줄 아는 재능도 있었다. 다만 자신이 취재해온 산만한 팩트들을 정연하게 나열하면서 자신의 관점을 섞는 데 서툴러 글이 산만하고 복잡해 보였을 뿐이다. 이건 기술적인 문제였고, 문제되는 포인

트만 잡아서 배열만 다시 해주면 빠른 시간 안에 고칠 수 있을 터였다. 실제로 하나만 고쳐주면 그 다음은 열이 좋아질 만큼 빠른 속도로 개선됐다. 내게도 가르치는 즐거움을 안겨준 아주 도전적인 경우였다. 불과 몇 달 안 됐을 때 나는 이런 말을 했다.

"네 기사는 이제 내가 손댈 데가 없다."

글이 산만하다고 그 원인이 똑같지는 않다. 이 두 친구의 차이를, 나는 '글쓰기의 인프라스트럭처(인프라)'를 갖추고 있느냐 없느냐로 본다. 전자는 콘텐츠가 없는 게 아니라 인프라에 문제가 있었고, 후자는 인프라와 콘텐츠는 탄탄했는데 용도별 글쓰기의 테크닉이 부족했다는 말이다.

인프라스트럭처. 하부구조, 기반시설이라는 뜻이다. 국가 경제를 발전시키고 산업을 키우기 위해서는 먼저 도로를 깔고, 상하수도 시설을 갖추고, 공장 부지를 닦는 등 기반시설부터 갖춰야 하듯, 글쓰기도 마찬가지다.

앞의 후배들 사례에서 후자는 내가 굳이 가르치지 않았어도 혼자서 좀 더 애쓰고 고민하면 스스로 테크닉을 찾아냈을 거다. 그러나 전자의 경우는 꽤 어렵다. 콘텐츠는 넘치고 글을 쓰고자 하는 의욕도 충만한데 글은 난삽하고, 산만해서 쓸 수 없는 경우를 가끔 보게 되는데, 대체로 인프라가 부족하거나 잘못된 데에 원인이 있는 경우가 많다. 이 경우는 혼자서 너무 열심히 하면 할수록 글은 점점 더 안드로메다로 날아갈 수 있다. 게다가 나쁜 습관들까지 붙어서 이걸 고치려면 여간 애먹는 게 아니다. 이런 경우 기존의 자기 글을 잊고, 처음부터 다시 인프라 투자를 하는 게 낫다.

물론 글은 용도에 따라 유형이 있다 보니, 머리 좋고 공부 잘 하는 친구들은 시험 유형에 맞춘 글쓰기를 단련해 입학과 입사에는 성공하는 경우가 많다. 게다가 요즘은 회사마다 용도별로 세분화해서 시험을 본다. 과거 우리 시대에 글쓰기 시험은 대략 논문과 작문으로 통일되어 있었다. 작문에서 표현의 범위와 상상력을 보고, 논문에서 글의 구성 능력과 논리 전개 능력을 보면 대충 그 사람의 글쓰기 실력이 나오는데 왜 요즘은 테크닉에 이렇게 몰입하는지 잘 모르겠다.

어쨌든 용도별 테크닉만 익혀 시험에 대비하는 이런 글쓰기는 절벽 위에 암자를 짓는 것과 같다. 절벽 위에 지은 암자는 아무리 결과물이 아름다워도 그 한 채에 그친다. 시험 유형에 맞춘 글쓰기 훈련은 다른 영역에선 재연이 불가능하고 지속가능하지 않을 수 있다는 말이다. 도로가 없는 돌산 위에 공장을 짓지 않는 것은 지속가능하지 않기 때문이다. 글도 본격적인 글쓰기에 들어가기 전에 인프라를 제대로 구축해놓지 않으면 지속가능하지 않다.

요 몇 년 사이 내게 글쓰기 방법에 대한 책을 써보라는 후배들의 권유가 많았다. 시중에 글쓰기 관련 책들이 많은데 굳이 나까지…. 그런 생각을 했다. 그러다 최근에 집에 놀러왔던 후배들이 또 내게 글쓰기 책을 내라며 말했다. 시중에 나온 유명한 책들을 사서 읽었는데 가슴만 답답하고, 글은 쓰기 어렵다는 것이다. 그 이유를 들어보니 대략 그들이 글쓰기 인프라에 대한 이해가 부족한 데서 오는 문제가 더 커 보였다.

자신의 문장세계를 구축하는 일. 이는 '나의 일' '너의 일' '각자의 일'이다. 내가 그 각자의 일에 도움을 줄 수 있는 건, 길을 놓는 방법이나 부지를 닦는 비법과 같이, 내가 알고 있는 '나의 방법'을 알려주는 것밖에 없다. 모든 문화와 문명은 선례를 참고해 발전해온 것처럼, 나의 선례를 참고용으로 활용하고 자기 길을 찾아가면 되지 않겠느냐는 말이다.

'모방은 창조의 어머니'라고 했다. 글쓰기 체질을 만들거나 훈련을 할 때에는 모방의 과정을 거쳐야 한다. 어린 시절부터 신동으로 이름났던 천재 화가 피카소는 세잔을 모방한 게 아니라 훔쳤다고 고백했다. '훌륭한 작가는 흉내를 내고 위대한 작가는 훔친다.'는 유명한 말을 하면서 말이다. 각 방면의 고수(高手)들은 원래 앞선 고수들의 기반 위에서 자신의 새로운 세계를 만든다. 그러므로 모방을 기피해선 안 된다. 적극 활용할 줄 알아야 한다.

여기에선 내가 알고 있는 글쓰기 인프라와 모방의 방법에 대해 다루게 될 거다. 모방도 마구잡이로 하는 게 아니라 자신의 '결'과 맞추어 해야 시너지를 낼 수 있다. 모방의 대상을 찾는 나의 방법도 알려줄 생각이다. 글쓰기의 구체적 방법을 찾고 글쓰기 전략을 세우는 데 이 책의 어느 부분이라도 도움이 되기를 바란다.

2020.10
양 선 희

이 책 사용법

공부는 얇은 책으로 하는 게 좋다. 일단 책을 떼는 경험이 공부를 진전시키기 때문이다. 길지 않으니 완주하기 바란다. 이 책에 들어가기 전에 해주고 싶은 말이 있다.

1 한 곳에 머물지 말고, 쭉 앞으로 갈 것

공부를 해도 늘지 않는 이유는 한 곳에 머무는 기간이 길어서다. 수학정석에선 '집합'에 머물고, 중국어를 공부할 땐 '사성'에서 머뭇거리다 지친다. 이 책은 중간에 숙제거리가 많다보니 머물고 싶은 곳이 생길지도 모른다. 그러나 처음엔 숙제보다 완독하는 데 의미를 두어야 한다. 책은 한 번 봐서 모르겠으면, 두 번 세 번 보면 된다.

2 분석하지 말고 감각으로 느낄 것

이 책엔 특별한 경우가 아니면 다른 작가들의 글이 아니라 내가 썼던 기존의 글들을 사례로 인용한다. 각자의 글엔 나름의 이유가 있는데, 내가 남의 글을 놓고 왈가왈부하는 일은 할 입장이 아니어서다. 글쓰기를 공부할 때엔 문장

별·문단별로 조각조각 분석하거나 작가의 의도 등을 분석하는 데 신경 쓰기보다는 글을 통으로 보고, 주장이나 논리를 풀어나가는 방식이나 스토리 전개 방식, 그 글을 읽는 독자로서의 느낌 등을 종합적으로 보는 게 좋다.

3 인프라는 토대일 뿐, 의식하는 게 아니다

이 책에서 제시된 내용 중 자신의 글쓰기 인프라를 구축하는 데 도움이 되는 부분이 있다면, 충분히 익혀서 체질화해놓는 게 좋다. 인프라는 글을 쓸 때 저절로 구현되는 것이지 쓸 때마다 의식적으로 노력해서 끄집어내는 게 아니다. 가장 좋은 것은 자신에게 필요한 부분은 체화한 뒤 이 책을 버리는 거다.

4 글쓰기의 금기를 잊어라

이 책을 쓰면서 기존의 글쓰기 책들을 보았다. 개중엔 다른 문장이나 사례들을 고쳐주고, 잘못된 글쓰기 사례들을 지적하는 방식으로 전개하는 책들이 있었다. 가장 쉬운 교육방법이 '이러면 안 된다.'는 주의사항 위주로 끌어가는 것이다. 그러나 학습자 입장에선 가장 배우는 게 없는 방식이다.

5 글에는 각자의 지문이 있다

글이란 사람의 얼굴 혹은 지문과 같은 것이다. 사람마다 누구는 날렵하고, 누구는 우락부락하고, 누구는 눈이 작고, 누구는 코가 크고…. 모두 다르게 생겼다. 사람마다 지문도 다르다. 글도 마찬가지다. 모두 다른 게 정상이다.

　신문사에선 데스크 과정에서 선배와 후배, 데스크와 기자들 사이에 긴장감이 조성되는 경우가 많다. 데스크를 거친 기사가 원고보다 더 나빠지는 '개

악'(改惡)의 사례도 흔하다. 조사나 연결, 논리의 오류를 잡고, 크로스체크를 하고, 빠진 팩트를 체크하는 등의 데스크 기능을 넘어 남의 기사에 자기 지문을 입히는 일, 즉 문장이나 용어를 자기 방식으로 고치는 경우 갈등이 생길 수밖에 없다. 자기 얼굴은 자기한테나 익숙하고 좋아 보이는 것이지 남한테도 그런 건 아니다. 첨삭은 쉬운 일이 아니다. 글쓴이의 얼굴이나 지문을 뭉개는 일은 해선 안 된다.

한 개의 문장, 그 자체의 완결성은 중요하지 않다. 전체 글과의 조화를 생각해야 한다. 문장만 잘게 쪼개서 설명하는 문장의 범례에 너무 치중하다 보면 조화를 놓칠 수 있다. 촌스러운 한 문장도 전체 글에선 조화를 이룰 수 있다. 문장은 앞 문장, 뒷문장과의 조화, 메시지를 전달하기 위한 강조 등 다양한 이유로 변형해야 한다. 문장 변형이 능란해지는 게 문장을 잘 다루는 것이다.

6 글의 단점 찾기에 몰두하지 말라

남의 글을 보면서 잘못된 부분을 찾아 따지는 버릇이 있다면, 자신의 글쓰기를 늘리기 어렵다. 타인의 글에서는 자신이 따라하고 싶은 점이 있다면 취하고, 그렇지 않으면 버리면 그만이다. 다른 사람의 글이 잘못됐다면, 그건 그의 일이지 나의 일이 아니다. 그의 글이 왜 나쁜지 분석하려드는 순간, 자신의 글도 자신이 내세운 분석의 논리와 규제에 묶여 자유를 잃게 된다. 남을 욕하느라 자신을 망쳐선 안 된다.

7 해답은 강호에 있다

책에는 단서만 있을 뿐, 정답은 없다. 세상의 모든 일이 그렇다. 책에는 선진

(先進)들의 경험과 통찰이 담겨 있으나 아무리 위대한 통찰도 그들의 것이다. 그것은 읽는 사람들에겐 금과옥조(金科玉條)도 아니고 바이블도 아니다. 다만 참고용 단서일 뿐이다. 타인의 생각에 자신을 맞추는, 지나친 동조를 경계해야 한다. '원리주의'적 맹종은 내 발목을 잡아 앞으로 나가지 못하게 한다. '내 생각'이 중요하다.

이 책에 담긴 내용은 작가인 내가 생각하는 또는 활용하는 '글쓰기의 인프라'일 뿐이다. 이 내용들은 특정한 스승에게서 전수받은 것이 아니라 10살 무렵 문학에 뜻을 두고 글을 쓰기 시작한 이후 '강호'에서 기자와 소설가로 무수한 합을 겨루며 체득한 '나의 경험'이다.

깨달음은 계시처럼 다가오지 않았다. 독서를 하다 문득, 수업시간에 던져진 한 마디에 문득, 선배나 후배가 농담처럼 흘린 말에 문득, 글쓰기 문외한이 쏟아놓는 글에 대한 느낌에서 문득…. 그렇게 문득문득 기회가 오고, 그럴 때마다 의문을 제기하고 대답을 생각하면서 이룬 체계다. 누구에게나 '문득'의 기회가 올 것이며, 그 기회를 놓치지 않는다면 자신만의 해답들을 만들게 될 것이다.

글에 관한 한 교만을 경계하고, 마음을 열고, 자신감을 가지고, 자신을 성찰하면서 세상을 가슴에 담는 훈련을 지속하다보면 어느덧 여러분에게도 '나의 글'이 생길 것이다.

> "바다는 물을 가리지 않았기에 큰 바다가 될 수 있었고, 산은 흙과 돌을 가리지 않았기에 높은 산이 될 수 있었다. 큰 학자는 학문을 가리지 않아서 성현이 될 수 있었다."(관자)

글쓰기의
지피지기

지피지기 백전불태
知彼知己 百戰不殆

손자병법을 한 문장으로 요약하라고 하면, 나는 이 대목을 꼽는다. 상대를 알고 나를 알면, 어떤 전쟁에서도 위태로워지지 않는다는 말이다. 지피지기는 전쟁에서만 통용되는 게 아니다. 인간관계, 공부, 사회생활 등 일상의 모든 영역에서 작게는 나를 지키고, 크게 운이 닿으면 내가 승리하는 전략이다.

지피와 지기는 나 스스로가 연마하고 준비하는 것이다. 평소에 말이다. 그래야 불시에 닥칠 일전(一戰)에서 나를 지키고, 더 나가 승리하여 명성을 날릴 수도 있다.

글쓰기의 지피지기. 우선 지피부터 시작하자. 글쓰기에서 반드시 고려해야 하는 '지피'의 대상(彼)은 언어다. 한국인의 글쓰기에서 가장 먼저 알아야 할 건, 그래서 '한글'이다. 글이란 원래 나를 향해 쓰는 게 아니라 남을 향해 쓰는 것이다. 기능적으로는 상대(독자)에게 나를 설명하거나 내 생각을 전달하기 위한 것이다. 또 글을 쓰는 사람들은 자신의 글을 상대의 가슴에 꽂히도록 하고, 뇌리에 남기고자 하는 욕망이 있다. 글 잘 쓰는 법을 탐구하는 건 바로 이런 욕망 때문이다.

한글을 알면 누구나 글을 쓸 수 있지만, 잘 쓰려면 한글을 잘 다룰 줄 알아야 한다. 본격적인 글쓰기에 앞서 한글의 내적 질서와 숨은 기능 등 '한글 다루기' 기술부터 이해해야 한다는 말이다. 그 기초로 나는 리듬과 호흡, 한글의 문법과 같은 규칙에서 시작해볼 생각이다.

I 글맛의 비밀

흔히 '글맛이 있다'고 할 때는 내용보다 글을 다룬 솜씨가 좋을 때다. 글맛을 좌우하는 솜씨는 문장의 리듬과 호흡에 대한 이해에서 시작된다.

1 한글의 리듬

술술 읽히는 글과 읽어 내려가기 어려운 글.

내용은 별개로 하고, 글 자체로만 보자면, 두 글의 차이는 '리듬'일 가능성이 크다. 리듬은 발성, 즉 말을 할 때만 작동되는 게 아니다. 문장에도 리듬이 있다. 리듬은 언어마다 모두 달라서 리듬 자체가 각 언어의 개성을 나타내기도 한다.

한글로 쓴 옛글이나 문장력이 좋은 사람들의 글에는 한글의 리듬이 자연스럽게 녹아들어 있다. 어쩌면 한국인으로 한국말을 하는 사람들에겐 자연 습득되는 것일 수도 있는데, 현대글로 오면서 리듬이 파괴된 글들이 점차 많아진다. 특히 학자들이 쓰는 전문적인 글에선 리듬파괴가 많이 보인다.

왜 그런지 생각해본 적이 있다. 내 생각엔 그렇다. 영어 등 외국어 번역 글이 많아지면서 외국어의 리듬에서 영향을 받은 '번역투'의 글들을 흉내 내다 한글의 리듬이 흔들린 게 아닐까.

리듬은 어떻게 아는가?

내가 활용하는 방식은 원고를 다 쓴 후 입으로 작게 소리를 내면서 읽고 또 읽는 것이다. 읽다가 혀끝에서 덜컥 걸리거나 미끄러지듯 읽히지 않으면 일단 리듬이 꼬인 거다. 그런 부분이 있으면, 단어의 순서를 바꾸거나 조사를 다시 고르거나 단어를 바꿔 보거나 글자 수를 조절하는 방식으로 문장들이 부드럽게 혀끝에서 굴러가도록 바꾼다.

이제부터는 평소에 글 쓰는 법을 묻는 사람들에게 내가 권하는 '리듬 익히기' 방법을 찬찬히 얘기해보겠다.

3-4조를 기억하라

'제시카 외동딸 일리노이 시카고 과-선배는 김진모 그는 니-사촌'

영화 〈기생충〉에 나온 '제시카 송'이다. 영화에선 이 말을 '독도는 우리 땅' 리듬에 얹어 전달했다. 자신의 가짜 신분을 실수 없이 외우기 위해 내용을 리듬 위에 얹은 것이다. 실제로 암기 내용을 노래처럼 만들어 외우는 기법은 고전적인 공부 방법이다.

'제시카 송'은 명사와 대명사를 나열해놓은 것일 뿐, 문장은 아니다. 그럼에도 이를 인용한 것은 가장 기초적인 한글의 리듬을 설명할 수 있는 좋은 예시여서다.

먼저 글자 수. 이 글은 3-4조로 이루어져 있다. 한글의 리듬은 글자 수를 기준으로 3-4조의 조합이 가장 편안하다. 예전에 우리 신문 기획 중 '패러슈트 키드(parachute kid)'라는 단어를 제목으로 올렸던 적이 있었다. 당시 사람들이 이 기획물을 얘기하면서 '패러슈트'(낙하산)라는 낯선 단어는 오히려 정확하게 말하면서 뒤에 나오는 '키드(아이)'라는 쉬운 단어는 곧바로 연결하기 힘들어하는 사례를 보고 재미있게 느낀 적이 있다. 실제로 한글 단어에서 네 글자가 넘는 것은 그리 많지 않다. 이런 점에서 신문 기사를 쓸 때, 외국어도 한글 발음 기준으로 3~4글자가 넘는 단어를 쓰는 것을 매우 꺼린다.

한국인들은 한문에서도 사자성어를 좋아한다. 중국의 한시(漢詩)는 5언 절구, 7언 율시가 대부분이고 중국 문학에선, 물론 사자성어도 인용하지만 시와 부를 인용하는 경우가 많은데, 우리나라에선 사자성어 인용이 주류를 이룬다. 우리 리듬의 기본적인 글자 수와 한시의 글자 수가 맞지 않는 데서 오는 어려움일 수 있다.

시조의 형식
3 4 3 4
3 4 3 4
3 5 4 3

우리 민족의 독특한 정형시인 시조(時調)를 생각해보자. 시조는 사대부들이 만든 고유한 시의 형태다. 시조의 형식은 옛 사대부들이 한시(漢詩)를 번역할 때 이런 고유한 리듬에 얹으면서 시작된 것으로 알려져 있다. 이처럼 글자 수는 우리 리듬을 이해하는 데 가장 기초적인 부분이다.

띄어쓰기 아닌 발음 기준
한글로 문장을 만들 때에도 3-4조를 기본으로 하고 3-5-4-3, 3-5-3-2, 3-5-4-4, 4-3-3-2 같은 변형을 이룰 때 가장 편안하게 느껴진다.

다시 '제시카 송'. '과-선배는' '니-사촌'. 띄어 써야 하는 두 단어들 사이에 하이픈(-) 표시를 해 놨다. 한글은 의존명사나 관형사처럼 한 글자 띄어쓰기를 하는 경우가 많다. 글을 쓸 때에는 띄어쓰기를 해도 리듬을 고를 때에는 연결해서 읽는 것이 더 자연스럽다. '한 사람'으로 써도 읽을 때는 '한-사람'으로 연결해서 읽는 것처럼 말이다.

반면 붙여 쓰는 단어에 6~7자가 넘는 경우도 있다. 그런데 대략 그런 단어들을 보면, 의미 상 2~3글자 단위로 떨어지는 경우가 많다. 예를 들어 '한국청소년단체연합회'라고 쓰지만 이 단어는 '한국 청소년 단체 연합회'라는 각각 독립된 단어의 연결이어서 리듬을 잃지 않을 수 있다.

리듬은 섞여야 제 맛

트렌드는 규칙이 아니다. 세상일에 '반드시'란 없다. 더구나 규칙은 일반적으로 알아두어야 하는 것이고, 이를 기반으로 자유롭게 활용할 줄 알아야지 그에 짓눌려 있으면 안 된다. 3-4조에 지나치게 가위눌려 일관되게 같은 리듬으로 나가는 건 아주 재미없는 발상이다. 세상엔 변형이 있어야 재미가 있다. 3-4조의 기본 리듬에 다양한 변형을 넣어 새로운 리듬을 만들어내는 것이 더 중요하다.

　내 칼럼 글을 사례로 리듬의 변형을 살펴보자.

　　내 소설『여류(余流)삼국지』를 놓고 사회적으로 꽤 성공한 ①어른들로부터 가장 많이 받은 지적은 조조(曹操)를 바라보는 나의 관점이었다. '조조 간웅(奸雄)론'을 견지한 내게 위대한 영웅인 조조의 면모를 보지 못한 단견을 질책한 분도 있었다. 이를 통해 우리 사회 리더층 남성들이 가진 ②조조에 대한 큰 호감에, 실은 좀 놀랐다. 한편 이해는 한다. 조조는 실로 2세기에 살았던 20세기형 인물이었다. 두 번의 세계대전과 냉전, 급속한 경제발전을 이룬 치열했던 그 세기는 경쟁의 가치를 숭상했고, 경쟁에서의 승리를 선(善)으로 인식했다.

　　실제로 조조는 ③대담한 용기, 합리적 사고, 지적 우월성 등에서 후한 말의 인물들 중 '경쟁력 갑'이었다. 무엇보다 그는 남쪽의 오와 서쪽 변방의 촉을 제외하곤 중원 대부분을 평정해 후한말의 혼란을 정리한 인물이다. 그럼에도 중국인들은 1800여 년이나 그에 대한 혐오감을 내려놓지 않았다. (2019.3.30. 선데이 칼럼, '조조를 용서하지 않는 중국인의 정신적 역량' 중)

①의 문장을 3-4조에 충실한 문장으로 바꿀 수도 있다.

'성공한 어른들은 조조(曹操)를 바라보는 나의 관점을 많이 지적했다.'

실은 이 문장이 훨씬 명쾌하고, 쉽다. 그런데 왜 나는 기본 리듬을 벗어나며 문장을 한 번 꼬았을까. 그저 심심하고 평탄한 리듬을 살짝 벗어나본 것이다. 또 문장구조가 복잡해지면 독자가 살짝 긴장하므로, 독자의 시선을 더 끌 수도 있다.

②의 문장은 '조조에 대한 호감이 큰 데 좀 놀랐다.'로 쓰는 게 훨씬 자연스럽게 흐른다. 그런데 굳이 '호감에,'에서 한 번 덜커덕 쉬고, '실은 좀~'으로 왜 연결했을까. 물도 흘러가다 바윗돌에 한 번 걸려야 예쁜 물보라를 보여주듯 간혹 바윗돌이나 조약돌 같은 것들을 심어두는 장치도 필요하다. 글쓰기에 100%는 없다. 글의 강약 조절을 위해 부드럽게 가다가 한 번 끊어주거나 포르테(f)를 주는 용도로 급변침하는 방법도 있다.

③처럼 '열거하는 기법'은 내 글에 꽤 자주 사용하는 트릭이다. 일종의 스타카토라고 보면 된다.

리듬의 변형은 조금 더 난이도가 높은 얘기다. 여기에선 이 정도 맛보기로 끝내는 게 낫다. 이 기법은 기초 단계를 끝내고 난 뒤에 다시 집중적으로 파고들 필요가 있다.

한글 리듬 익히기

한글의 리듬을 익히기 위해 내가 권하는 전형적인 방법은 옛 시조나 가사문학 등 옛 글을 소리 내어 읽고 외우라는 것이다. 글자 수 그리고 단어의 배치를 염두에 두면서 말이다. 물론 이건 내 방법이다. 다른 더 좋은 방법이 있다면 자신의 방법을 따라도 좋다. 어차피 자기 리듬을 찾는 것이므로.

군이 가사문학을 추천하는 이유는, 내가 글의 리듬을 깨닫게 된 것이 고등학교 시절 국어시간에 가사를 배우면서였기 때문이다. 알고 보면 고등학교 때 배운 지식은 엄청나게 유용하다. 이때 배운 것만 잘 활용해도 우리는 고수들의 지적 세계를 유유자적 돌아다닐 수 있다.

내게 리듬의 세계를 깨치게 한 가사는 '상춘곡'. 빨간 펜으로 밑줄 쫙 그었던 내용은 기억나지 않는다. 다만 나는 입에 착착 감기는 그 '글맛'에 열광했었다.

당시엔 누워서 잠들 때까지 당대의 유행가가 아니라 상춘곡을 비롯한 가사문학을 줄줄 외우곤 했다. 이런 가사문학을 통해 나는 새로운 글의 세계, 즉 '리듬'을 발견하고 폭풍 같은 희열을 느꼈다.

조선 중기의 가사 '상춘곡'과 고려가요 '청산별곡'을 보자. 이 글들을 먼저 노래처럼 리듬을 타며 소리 내어 읽어보기를 권한다. 깊은 밤, 잠자리에 누워 입으로 중얼중얼 노래 부르듯 외우다 보면, 어느 순간 '한글의 리듬'을 깨치게 될 것이다.

'상춘곡'과 '청산별곡'

기우이겠지만 한 마디만 덧붙이자. 예시된 글이 못 알아듣는 옛말이라고 현대어 번역과 대조하며 읽지 말 것. 내용이 맘에 들지 않는다고 비판의식 불뚝 세우지 말 것. '빨간 펜 밑줄 쫙' 같은 건 다 잊어버릴 것. 리듬을 위해 한자(漢字)는 모두 뺐다. 뜻을 몰라도 그냥 넘어가자. 다만 리듬에 온 마음을 싣고, 온전히 리듬을 타볼 것. 발로 장단도 맞추고 고개도 흔들어가며….

상춘곡 _정극인

홍진에 뭇친 분네 이내 생애 엇더한고.
녯 사람 풍류를 미칠가 못 미칠까.
천지간 남자 몸이 날 만한 이 하건마는,
산림에 뭇쳐 이셔 지락을 마랄 것가.
수간모옥을 벽계수 앏픠 두고
송죽 울울리예 풍월주인 되여셔라.
엊그제 겨을 지나 새 봄이 도라오니
도화행화는 석양리예 퓌여잇고,
녹양방초는 세우중에 프르도다.
칼로 말아낸가, 붓으로 그려낸가,
조화신공이 물물마다 헌사롭다.
수풀에 우는 새는 춘기를 못내 계워 소리마다 교태로다.
물아일체어니, 흥이에 다를소냐.
시비예 거러보고, 정자애 안자보니,
소요음영하야, 산일이 적적한데,
한중진미를 알 니 업시 호재로다.
이바 니웃드라, 산수 구경 가쟈스라.
답청으란 오늘 하고, 욕기란 내일하새.
아침에 채산하고, 나조해 조수하새.

갓 괴여 닉은 술을 갈건으로 밧타 노코,
곳나모 가지 것거 수 노코 먹으리라.
화풍이 건듯 부러 녹수를 건너오니,
청향은 잔에 지고, 낙홍은 옷새 진다.
준중이 뷔엿거든 날다려 알외여라.
소동 아해다려 주가에 술을 믈어,
얼운은 막대 집고, 아해는 술을 메고
미음완보하여 시냇가의 호자 안자,
명사 조한 믈에 잔 시어 부어 들고, 청류를 굽어 보니,
떠오나니 도화로다.
무릉이 갓갑도다, 져 메이 귄 거인고.
송간 세로에 두견화를 부치 들고,
봉두에 급피 올나 구름 소긔 안자 보니,
천촌만락이 곳곳이 버려 잇네.
연하일휘는 금수를 재폇는 듯,
엊그제 검은 들이 봄빗도 유여할샤.
공명도 날 끠 우고, 부귀도 날 끠우니,
청풍명월 외예 엇던 벗이 잇사올고.
단표누항에 훗튼 혜음 아니하네.
아모타, 백년행락이 이만한들 엇지하리.

청산별곡(靑山別曲) _고려가요

살어리 살어리랏다

청산애 살어리랏다

멀위랑 ᄃ래랑 먹고

청산애 살어리랏다

얄리얄리 얄랑셩 얄라리얄라

우러라 우러라 새여

자고니러 우러라 새여

널라와 시름한 나도

자고니러 우니로라

얄리얄리 얄라셩 얄라리얄라

가던새 가던새 본다

믈아래 가던새 본다

잉무든 장글란 가지고

믈아래 가던새 본다

얄리얄리 얄라셩 얄라리얄라

이링공 뎌링공ᄒ야

나즈란 디내와손뎌

오리도 가리도 업슨
바므란 쏘엿디호리라
얄리얄리 얄라셩 얄라리얄라

어듸라 더디던 돌코
누리라 마치던 돌코
믜리도 괴리도 업시
마자셔 우니노라
얄리얄리 얄랑셩 얄라리얄라

살어리 살어리랏다
바부래 살어리랏다
ᄂᆞ므조기 구조개랑 먹고
바ᄅᆞ래 살어리랏다
얄리얄리 얄라셩 얄라리얄라

가다가 가다가 드로라
에졍지 가다가 드로라
사스미 짒대예 올아셔
금을 혀거를 드로라
얄리얄리 얄라셩 얄라리얄라

> 가다니 비브른 도긔
> 설진 강수를 비조라
> 조롱곳 누로기 미와 잡사와니
> 내엇디 ᄒᆞ리잇고
> 얄리얄리 얄라셩 얄라리얄라

  리듬이 깨진 노래는 소음으로 들리듯, 리듬이 깨진 글은 아무리 고매한 뜻이 담겨 있어도 읽어 내려가는 것이 힘들다. 한글은 매우 리드미컬한 글이다. 옛 고전들을 읽으면 몸이 절로 흔들흔들하며 리듬을 탄다.
  아직도 기억나는 장면이 있다. 고등학교 시절 국어시간, 교과서에 실린 '춘향전'을 배울 때였다. 선생님은 매일 들어와 한 사람씩 돌아가며 본문을 읽으라고 시켰는데, 누군가 그 글을 읽을 때 아이들이 거의 일정하게 고개를 흔들거나 가볍게 몸을 흔드는 걸 보았다. 맨 뒤에 앉아 있다 보니 그 광경이 더 잘 보였던 것 같다. 그래서 혼자서 피식 웃었던 기억이 난다. 그때 모두가 리듬을 타고 있었던 거다.

'나와 나타샤와 흰당나귀'
요즘 글의 리듬을 알려면 시를 많이 읽는 게 좋다. 리듬이 좋은 산문을 읽어 산문에서 리듬을 고르는 법을 익히는 것도 좋다. 기본적으로 내 글들은 리듬을 고르는 과정을 거친 것들이니 인터넷에 돌아다니는 칼럼들만 읽어봐도 된다.
  다른 작가들의 글도 소리 내어 읽으면서 부드럽게 읽히거나 가슴에 확 와서 닿는 게 있다면, 자신이 좋아하는 리듬일 가능성이 크다. 그 리듬에만 한 번 집중해서 읽어보는 것도 리듬을 익히고, 자신의 리듬을 찾는 좋은 방법이 될 것이다.

먼저 현대시로 이어진 리듬의 사례로 추천하고 싶은 시는 백석의 시 '나와 나타샤와 흰당나귀'이다. 이는 내가 좋아하는 시이기도 하고, 고전에서 느끼는 리듬과 비슷한 듯 다른 리듬을 느끼는 데도 좋은 시로 보인다.

나와 나타샤와 흰당나귀 _ 백석

가난한 내가
아름다운 나타샤를 사랑해서
오늘밤은 푹푹 눈이 나린다

나타샤를 사랑은 하고
눈은 푹푹 날리고
나는 혼자 쓸쓸히 앉어 소주(燒酒)를 마신다
소주를 마시며 생각한다
나타샤와 나는
눈이 푹푹 쌓이는 밤 흰당나귀 타고
산골로 가자 출출이 우는 깊은 산골로 가 마가리에 살자

눈은 푹푹 나리고
나는 나타샤를 생각하고

나타샤가 아니 올 리 없다
언제 벌써 내 속에 고조곤히 와 이야기한다
산골로 가는 것은 세상에 지는 것이 아니다
세상 같은 건 더러워 버리는 것이다

눈은 푹푹 나리고
아름다운 나타샤는 나를 사랑하고
어데서 흰당나귀도 오늘밤이 좋아서 응앙응앙 울을 것이다

리듬은 감각적으로 느끼는 것

  리듬에 대해서 나는 내가 설명할 수 있는 방법으로는 다 했다. 한데 리듬이라는 부분이 논리적으로는 다 설명할 수 없다. 리듬은 각자가 감각적으로 느껴야 한다. 글마다의 리듬이 분명 비슷한데, 또 분명 다르다.
  앞의 세 글에 대한 느낌을 말하자면, 앞의 고전 글들은 읽기 시작하면 강물 흐르듯 단숨에 흘러 내려가는데 백석의 시는 아름다운 냇물을 보는 듯하다. 끊김과 흘러감이 명확하게 분간이 된다. 냇물 중간 중간에 박혀있는 돌멩이에 살짝살짝 걸렸다 내려오는 느낌이랄까.
  '리듬'. 알 것도 같고 아닌 것도 같고, 잘 모르겠다고? 상관없다. 논리적, 이론적으로는 몰라도 된다. 다만 감각적으로 느낌을 알면 된다. 느낌이 꼬물꼬물 일어나기 시작한다면, 그리고 다른 글들을 읽을 때 리듬에 대해 생각하기

시작했다면 이미 시작은 한 것이다.

좋은 리듬은 무엇이냐?

딱 잘라 말할 수 없다. 내가 여기서 제시한 것은 한글의 기본적인 리듬이다. 글이란 내가 보자고 쓰는 게 아니라 상대방에게 나의 생각이나 정보 등을 전달하기 위해 쓰는 것이니, 한글을 읽는 독자들을 위해 한글의 기본적인 리듬을 바탕으로 하는 것이 모두에게 편안하게 읽힌다는 점에서 기본을 아는 게 중요하다. 그러나 플러스알파(+α)는 각자가 찾아내야 한다.

김치는 다 김치이지만 집집마다 김치 맛이 다르듯 기본 리듬은 같아도 자신의 리듬으로 변주해야 개성 있는 글을 쓰게 된다. 어떤 이의 글은 숨 가쁘게 몰아치는 리듬으로, 어떤 이의 글은 구름에 달 가듯 스르르 녹아드는 리듬으로, 어떤 이의 글은 술 한 잔 한 듯 휘청휘청한 리듬으로…. 모든 이의 얼굴이 다르고, 흥이 나는 지점이 다르듯 리듬은 모두 다를 수밖에 없다.

글도 글쓴이 고유의 리듬을 타야 글이 그 사람으로 인식되고, 끝까지 읽히는 법이다. 음악처럼, 노래처럼 말이다. 고수들의 음악이 다르듯이 고수들의 문장이 다른 것도, 실은 사소하게는 리듬 감각에서부터 차이가 난다.

글을 쓸 때 리듬은 의식적으로 고민하고, 고려하고, 연구해야 하는 부분이 아니다. 그저 리듬에 대한 감각이 체질화돼 있어 글을 쓸 때마다 자연스럽게 발현되도록 해야 한다. 그 단계까지 가는 과정에만 노력이 필요할 뿐, 본격적인 실전에 들어가면 감각적으로 의식조차 안 해야 한다.

디지털 시대, 그래도 리듬

얄리얄리 얄랑성~. 옛글로 한창 리듬 얘기 하다말고 '디지털 시대'라니, 느닷

없이. 그런데 생각보다 상관이 있다. 그 얘기를 하려고 한다.

요즘 나는 e-북을 좀 사는 편이다. 주로 소설과 스토리로 엮은 역사 이야기, 간단한 교양서 등이다. 종이책 쌓아놓을 공간도 부족하지만, 실은 듣기 기능 때문이다. 나이가 들수록 눈이 침침해져서….

공부를 해야 하는 참고 서적이나 철학책 등은 e-북이 불편하지만, 쭉 읽어 내려가면 되는 이야기책들은 이어폰만 끼고 있으면 읽어주니 눈을 혹사하지 않고 책을 읽는 방법으로 꽤 괜찮다.

한데 읽어주는 책을 들을 때 가장 걸리는 것이 리듬이다. 가뜩이나 기계음으로 읽어주는데 리듬까지 엉키면 흥이 반감된다. 그런데 현대물 중 읽어주기 기능으로 읽다가 중단시킨 경우가 꽤 있었다. 리듬 생각이 없었거나 리듬을 깨는 요소들이 많이 들어가 있어서다. 어쨌든 앞으로는 점차 내 눈으로 읽기보다 AI나 로봇이 읽어주는 데에 익숙해지는 세상이 올 거다. 그러면 글 쓰는 사람은? 음악처럼 노래처럼 리듬을 타는 글이어야 독자들이 끝까지 들어줄 거다. 독자들의 인내심은 생각보다 길지 않다. 그러니 리듬에 대한 감각을 가장 먼저 익혀야 한다는 얘기다.

2 문장의 호흡

다시 얘기하지만 글쓰기란 내가 아닌 남을 위한 행위다. 타인에게 나의 생각, 지식, 정보를 나누어주는 일이다. 글을 읽는 독자가 편안하고 즐겁게 읽을 수 있도록 쓰는 것. 관건은 바로 그것이다. 글의 '호흡'은 말 그대로 독자가 숨 쉬기 편하도록, 상대를 배려하는 글쓰기에서 매우 중요한 요소다.

리듬이 독자가 글을 즐겁고 부드럽게 끝까지 읽어내려갈 수 있도록 하는 장치라면, 호흡은 독자가 편안히 숨 쉬며 글을 끝까지 읽을 수 있도록 하는 장치이다. 특히 긴 글에선 호흡이 중요하다. 숨이 차면 완주하기 어렵다.

문장은 짧을수록 좋다는 도그마

언젠가부터 '문장은 짧게 써야 한다.'는 주장이 일종의 도그마처럼 확산되었다. 물론 짧은 문장은 많은 장점이 있다. 단순하고, 강하고, 분명하다. 물론 나도 짧은 문장을 선호하지만 '짧은 문장이 곧 좋은 문장'이라는 말은 '참'이 아니다.

동사가 맨 뒤에 오는 우리말의 특성상, 중간에는 수많은 문장을 겹문장으로 붙이고, 문장들을 연결해 복문으로 만들 수 있다. 끝없이 길어질 수 있다는 말이다. 그런데 긴 글은 주어와 술어가 호응을 못 해 문장이 꼬이고, 문장이 꼬이다보니 뜻이 불분명해지고, 무슨 말인지 알아들을 수 없는 '문장이 아닌 문장' 즉 비문(非文)이 나올 위험성이 매우 크다. 그렇다보니 분명한 의미 전달을 위해 '짧게 쓰는 훈련'을 해온 것도 사실이다.

또 신문 글의 영향도 있다. 신문 보도 글은 대개 짧다. 요즘은 신문 기사 분량이 많아졌지만, 과거엔 가장 긴 1면 톱기사 분량이 원고지 7장 정도였다. 웬만한 기사들은 원고지 3~5장, 단신들은 200~300자 정도. 분량이 짧은 글에는 짧은 문장이 정답이다. 그래서 과거 신문사에선 문장을 짧게 하는 것을 선호했다. 보도 글은 상황을 제대로 전달하고, 의미를 분명히 해야 하는 게 생명이다. 그렇다보니 '짧은 글이 더 좋다.'는 이미지가 생겼을 수 있다.

　이 대목에서, 보도 글이 왜 짧은지 다른 이유를 한번 생각해보라. 원고 분량이 짧아서이기도 하지만, 단문의 연결은 긴장감과 속도감을 주기 때문이다. 반대로 단문으로만 쓰인 논문을 생각해보라. 상상은 잘 안 되지만 어색하다. 학술 글은 짧게 쓰기 어렵다. 설명적인 글의 특성이기도 하지만, 읽는 사람이 숨차서 내용을 따라가기 힘들어서다.

　'만연체의 아름다움'이 있다. 한글은 한 개의 문장이 자신 안에 주어와 술어가 완결된 또 다른 완전한 문장을 몇 개씩 품을 수 있고, 주어와 술어가 완결된 문장들이 꼬리에 꼬리를 물며 복문으로 이어져 문장 자체로 하나의 긴 이야기를 하듯 흘려서 쓸 수 있다. 잘 쓴 만연체는 글의 예술이 무엇인지 경험하게 한다. 요즘은 좀 달라졌다고는 하지만 과거 법원의 판결문은 마침표가 하나였다. 일단 시작하면 문장을 중간에 끊지 않고, 끝까지 연결해서 썼다는 말이다. 왜 그랬는지는 잘 모르겠지만, 여하튼 권위 있게 보이는 글들은 좀 긴 편이다.

　요즘은 만연체라 부를 만한 글들은 별로 없다. 만연체는 '세월아, 네월아…' 하면서 주변은 한가롭고 정신은 여유로울 때 읽어야 흥취를 느낄 수 있다. 또 만연체로 자신의 긴 고뇌와 탐색의 과정을 우회적으로 전달할 수도 있다. 일종의 의사전달 기교다.

　하지만 긴 문장은 주술관계가 뒤섞이기 쉽고, 자칫하면 횡설수설하게 된다.

상당한 문장력이 없으면 장문을 다루기 어렵다. 많은 주의와 연습이 필요하다. 또 요즘처럼 바쁜 시대엔 자칫 만연체가 독자를 속 터지게 할 수도 있다. 그래서 단문과 중문 속에 섞어서 쓰는 기술이 필요하다. 긴 문장으로만 이루어진 글은 숨이 긴 만큼 지루해질 수 있어서다. 그만큼 글을 제대로 장악하지 못할 경우 많은 위험요소가 따른다. 짧은 문장이 좋다는 말은 결국 긴 문장의 위험을 피하는 안전한 방법을 말하는 것일 뿐이다.

이제는 눈치를 챘을 거라고 본다. 호흡이란 결국 문장의 길이로 조절하는 것이 기본이다. 짧은 문장은 속도감이 있고, 긴 문장은 숨 쉴 여유를 준다. 일반적으로 2000자가 넘어가는 글은 처음부터 짧고 긴 문장들을 섞어가면서, 뛰고 걷고 숨 쉬도록 능란하게 배치하는 것이 좋다.

단문의 정석

호흡 역시 리듬과 마찬가지로 스스로 자신의 개성 있는 호흡법을 만들어야 한다. 앞에서 2000자 이상의 긴 글에는 단문과 장문을 섞어 속도와 숨쉬기 조절을 하는 게 좋다고 말했다. 하지만 긴 글을 단문으로만 구성하는 경우도 있다.

중앙일보 박보균 대기자는 '단문쓰기의 달인'이다. 박 대기자의 칼럼들은 모두 2400자 안팎의 긴 글들인데도 '진격의 단문'이라고 할 정도로 긴 문장을 찾아보기 어렵다. 이 부문에선 독보적이다. 그런데 어색하지가 않다. 예시 글을 읽어보자.

[박보균 칼럼] 시속 20㎞ 철도의 영도자 깨우치기

철도는 상징이다. 철길은 자유와 억압을 표출한다. 북한 사회는 공포의 통제다. 열차 여행은 감시망 속에 있다. 철도는 국가 경영의 건강성을 농축한다. KTX 강릉선 탈선사고는 건강 악화를 드러낸다.

철길은 나라의 형편이다. 북한 김정은 국무위원장은 그 사정을 말했다(4월 판문점). "교통이 불비해 민망하다."김현미 국토교통부 장관은 그 실상을 확인했다(11월 국회 경협특위). "북한 철도는 굉장히 심각한 상태다. 평양 이후 국제선 부분은 50㎞(시속) 정도 되는데 개성부터 평양까지의 구간은 20㎞ 정도 속도다."그 구간은 경의선 철로다. 경의선은 한반도의 핵심 철길이다. 12월 초 남측 철도 공동조사단은 그 실태를 현장점검했다. 국제선은 평양~베이징 노선이다. 지난 3월 김정은의 중국 방문 때 철로다.

열차 시속 20㎞. -그것은 어이없는 충격이다. 철도의 기능 포기 상태다. 그 정도 속력은 마라톤(42.195㎞) 이야기다. 이봉주의 달리기(최고 2시간7분20초) 정도다. 북한은 왜 이 지경까지 추락했는가. 나는 경기도 의왕 철도박물관을 찾았다. 야외전시장의 증기·디젤기관차는 호기심을 자극한다.

실내 전시장에 '대형 도표'(열차 속도의 변천)가 있다. 1899년 경인선부터 2010년 'KTX 산천'이 적혀 있다. 일제 강점기 열차 속력이 눈길을 끈다. "1933년 4월 부산~봉천 히카리 17시간45분(소요시간). 평균 시속 60㎞(최고 90㎞)." 봉천은 지금의 선양이다. 히카리(光)는 조선총독부 열차다. 일본 고속철 신칸센(新幹線)은 그 이름을 계승했다.

김현미 장관은 이렇게 회고했다. "손기정 선수는 경부선을 타고 서울역에 도착해 열차를 타고 1936년 베를린 올림픽에 참석했다." 손기정은 히카리 노선을 거쳐 유럽에 갔다. 그 길은 부산~경성(서울)~개성~평양~신의주~단둥(당시 만주국)~선양~창춘~하얼빈~만저우리(滿洲里)다. 이어서 그는 시베리아 열차를 탔다. 그 시절 신문에 히카리 속도(국제열차 운행)가 실렸다. 경성은 동북아 철도망의 허브 역이었다. "경성^+ 오전 3시5분발(發)/ 개성^+ 오전 5시3분발/ 평양^+ 오전 8시8분발." 개성~평양은 3시간쯤이다. 그 구간 철길은 187.3㎞. 시속 62㎞다.

그 도표는 탄식을 일으킨다. 2018년 북한 철도는 부끄럽다. 82년 전보다 못하다. 북한 철로는 낡고 녹슬었다. 속도를 내면 탈선하고 고장 난다. 그 감정은 분노로 이어진다. 그 옆 전시물에서다. 전시 제목은 '철도원이었던 이봉창 항일독립투사'. 이봉창은 경이로운 용기다. 그는 히로히토 일왕에게 폭탄을 던졌다.

이봉창은 용산역 철도원 출신이다. 그는 19세(1919년)에 만철(滿鐵, 남만주철도주식회사) 견습생으로 들어갔다. 만철의 한반도 철도 위탁경영 시절이다. 그는 전철수(轉轍手)로 승진했다. 전철기는 선로전환기다. 그는 돌연 철도를 떠난다. 사직 배경은 한국인 차별에 대한 저항이었다.

그 심리의 바탕은 극일(克日)이다. 일제를 타도, 능가하기 위한 결의였다. 하지만 지금의 북한 철도는 절망적인 퇴보다. 극일은커녕 역사의 퇴화다. 이봉창 의사는 그 한심한 쇠락을 통탄할 것이다.

1945년 해방 직후 북한 철도는 남한보다 앞섰다. 철길은 1000㎞쯤 길고 (전체 3797㎞) 정밀했다. 그런 철도가 골병든 원인은 간단하다. 철도의 본능은 개방이다. 철마는 달리고 싶다. 하지만 북한의 폐쇄 경제는 본능을 억눌렀다. 북한 교통체계는 철주도종(鐵主道從)이다. 주력은 철도. 자동차는 다음이다. 남한과 반대다. 정재정 서울시립대 명예교수의 설명은 실감난다. "거기엔 체제 운영 방식이 깔렸다. 도로 위 자동차는 자유롭다. 철도는 개인 이동을 쉽게 단속한다. 폐쇄 경제와 주민 이동의 통제 시스템이 상호 얽히면서 철도 체계가 엉망이 됐다."

북한 철도의 재기 출발선은 명확하다. 철도의 경제성 확보다. 이를 위해 철길의 개방 본능을 살려야 한다. 정재정은 12일 "사람·물자 이동이 자유로운 개방경제 체제로 전환해야만 북한 철도가 기사회생할 수 있다."고 했다. 그 지름길은 김정은의 비핵화 약속 실천이다.

남북 철도사업은 천문학적 자금을 요구한다. 돈줄의 대부분은 한국이다. 그 돈뭉치에 서민 혈세도 있다. 하지만 경제성이 없으면 치명적이다. 그런

> 철도 지원은 밑 빠진 독에 퍼주기다.
>
> 개방 없는 철도는 세습 독재의 장식물로 타락한다. 그런 철길은 북한 주민의 미움과 불만을 낳는다. 문재인 정부의 철도회담 접근 자세는 달라져야 한다. 우리 민족끼리의 발상만으론 위험하다. 북한 측을 깨우쳐야 한다. 경제성 없는 철도의 비극적 미래를 강조해야 한다. (2018.12.13. 중앙일보)

박 대기자의 칼럼은 단호하고 확신에 차 있다. '함께 생각해보자.'고 권하거나 작가가 어떤 생각에 도달하는 고뇌의 과정 등을 보여주는 글이 아니라 자신의 주장과 안목을 강렬하게 피력하는 글이다. 이런 글은 숨 쉴 틈을 주지 않고 몰아붙이는 것이 강렬한 인상을 남긴다. 글의 내용도 내용이지만 숨차게 읽어내려 가는 동안의 흥분과 격동 등 독자의 고조된 감정이 공감에 이르게 하는 데 좋은 장치가 된다는 말이다. 짧게 끊어진 단문들은 폭풍처럼 몰아붙이는 효과를 배가할 수 있다.

'짧은 문장이 좋은 문장이라는 말은 도그마'라고 했다. 이 말은 어떤 문장이 좋은지 나쁜지를 말할 때 문장의 길이는 아무 상관도 없다는 말을 강하게 표현한 것일 뿐, 짧은 문장이 좋지 않은 문장이라는 말은 아니다. 문장의 길이는 자신의 개성과 글의 성격에 따라 결정할 문제다.

문장 짧게 쓰기는 많은 이점과 강점이 있지만, 강박적으로 문장을 짧게 쓰는 데 몰입하지는 않는 게 좋다. 짧게 끊어 쓰는 연습만 해서는 문장이 늘지 않는다. 자기 생각을 자연스럽게 '흐르는 물처럼' 전달할 수 있도록 쓰는 데에 초

점을 맞춰야 한다.

장–단문을 섞는 법

언론인으로 30년 넘게 살면서 나도 문장을 짧게 쓰는 데 이골이 나 있다. 짧은 문장은 분명하고 힘 있어 보이기 때문에 웬만해선 실패하지 않는 전략이다. 하지만 긴 글을 쓸 때에는 긴 문장을 반드시 섞는다. 어떨 때는 글을 퇴고하는 과정에 지나치게 단문이 많다 싶으면, 짧은 문장들을 몇 개 풀어서 일부러 길게 엮기도 한다.

  요즘 내가 쓰고 있는 [선데이칼럼]은 2500자 분량으로, 칼럼으론 꽤 길다. 이 칼럼은 대략 시작 문장은 짧게 하고, 중간에 긴 문장들을 여기저기 배치하는 방법으로 푸는 편이다. 그리고 뒤쪽으로 가면서 다시 짧은 문장들을 배치한다. 이는 글을 조이는 효과를 준다. 사례를 통해 문장의 배치를 살펴보기 바란다.

[선데이 칼럼] **헬조선·탈조선·젊은꼰대…억울하니까 청춘이다?**

"어차피 이번 생은 300만원 벌이 인생인걸요." 서른 살의 A는 자신을 '탈조선족'이 맞다고 했다. 지난 3년간 유럽의 한 도시에서 유학생비자로 살다 최근에 돌아왔다. 그러나 아주 온 건 아니란다. 다시 갈만한 곳을 찾아 떠날 생각이다. 그녀는 서울에서 대학을 나와 3년간 '대기업 방계회사'에 다녔다고 했다. 회사는 백억원대의 순익을 내도 직원의 수입은 늘지 않았다. 그러던 어느 날 과장 월급도 300만원대라는 사실을 알게 됐다. "10년을 일해도 300만원. 이걸로 결혼하고, 집사고, 애 키우는 게 이 나라에서 가능한가. 어딜 간들 이 정도 못 벌겠냐 싶었죠."그녀는 국민소득 3만 달러 이상 되는 도시나 나라에선 여기서만큼만 일해도 더 벌 수 있다고 했다.

"이제 욜로(YOLO)했던 친구들은 다시 채용하지 않을 겁니다."중소기업 대표 B는 욜로족에서 돌아왔던 전 직원을 다시 썼다 낭패를 당했다고 했다. 현재의 행복을 가장 중시한다는 '욜로족'이라는 말은, 요즘 하던 일 때려치우고 해외로 떠나는 젊은이들을 이르는 용어로도 쓰인다. B는 욜로에서 돌아온 전 직원 두 명을 다시 고용했다. 고생한 만큼 생각도 바뀌었을 거라는 기대감이 컸다. 그러나 모두 2년 안에 다시 떠났다. "이젠 자리 잡고 일해서 연금도 붓고 안정된 삶을 살아야 한다고 만류했죠. 그런데 그들은 '어차피 우린 연금 못 받아요. 윗세대에 빨리다 인생 끝내라고요?'라면서 떠나더군요."

'헬조선' '탈조선'은 수년 전 잠시 반짝했던 일종의 유행병이 아니었다. 여전히 현재진행형이다. 최근 김현철 청와대 경제보좌관이 청년과 5060은 아세안에 가보라고 한 발언 이후 다시 불붙었던 '탈조선'논란에 문득 그 현상의 현재가 궁금해 젊은 친구들을 만나면 가볍게 물어봤었다. 한데 돌아온 대답은 가볍지 않았다. '탈조선'은 트렌드가 아닌 '삶'의 모습이었고, 그 여파는 세계 곳곳에서 많은 장면들을 만들어내고 있었다.

관광천국 태국은 비자받기 아주 쉬운 나라였다. 그러나 요즘은 그렇지 않단다. 태국과 비즈니스를 하는 한 기업인은 이런 얘기를 들려줬다. 과거 태국엔 독일과 네덜란드 연금생활자들이 정착하면서 이들을 대상으로 서비

스하는 젊은 욜로족이 몰려들었단다. 그렇게 청춘을 태국서 보냈던 유럽 젊은이들이 과거 연금생활자 세대가 사라지자 지금은 구걸에다 노숙자까지 골칫거리가 됐다는 것이다. 그리고 지금, 태국에선 한국 욜로족이 1세대 유럽 욜로족의 뒤를 잇지 않을까 경계에 들어갔다고 했다.

'프랑스 잔혹사'도 들린다. 최근 프랑스에선 비유로권 유학생들에게 3770유로의 학자금을 물리고, 학생보조금을 없앴단다. 그 후폭풍은 고스란히 탈조선족 한국인에게 닥쳤다는 거다. 상당수가 돌아오거나 동유럽권으로 옮길 준비를 하고, 현지 남자와 합법적 동거인 팍스(PACS)로 남는 여성들도 있다는 것이다.

"이명박·박근혜 정부 시절의 반공교육 탓에 20대가 보수화됐다."는 한 여당의원의 말로 불거진 '청년보수화' 논란에 대해 30대 청년 C는 "한마디로 웃픈(웃기면서 슬픈) 블랙코미디."라고 했다. "요즘 2030이 문화와 생각을 공유하는 동질적 집단이라고 본다면 착각입니다. 요즘 우리 또래는 친구도 없고, 어느 아파트 사느냐가 더 중요하죠. 파편화된 개인만 있지 공동체는 없다고 보면 됩니다."

C는 요즘 그들이 가장 미워하는 건 기성세대가 아니라 '젊은꼰대'라고 했다. "우리 연배 중 대기업의 안정적 직장에 다니면서 아파트라도 분양받으면 5060도 울고 갈만큼 꼰대 같은 소리를 하는 친구들이 있어요. 우리가 보기엔 다만 운이 좋았고, 부지런한 엄마를 잘 만나 학벌을 키운 것뿐인데 자기만큼 운이 좋지 않은 또래들을 비난하고, '훈계질'을 하며, 동료

들을 짓밟으려고 하죠."그는 이런 청년들의 습성을 '영토지키기'라고 했다. 일단 기성사회에 편입됐다고 믿는 순간 자기 영토를 지키기 위해 더 꼰대화된다는 설명이었다.

'헬조선' '탈조선' 등 트렌드를 안다고 시대와 사람을 이해할 수 있는 건 아니다. 짧은 취재를 통해 청년들에게서 느낀 건 '억울함'이었다. 또 지금 청년들은 세대 갈등만큼이나 세대 내의 몰이해와 반목이 심각한 건 아닌가 하는 짐작도 어렴풋이 들었다. 청년 관련 각종 연구와 정책 등을 살펴봤다. 활자화된 내용은 공감가지 않았다. '탈조선' 얘기가 나온 지 몇 년이 됐지만, 해외 장기체류 청년이 몇 명이나 되는지 통계조차 구할 수 없었다. 이런 생각이 들었다. 어쩌면 우리 사회 전체는 청년에 대해 아는 척할 뿐 실제론 관심도 이해할 생각도 없는 건 아닌지. 가장 관심 있는 척하는 정치권은 표나 이념과 같은 이해관계에 청년을 남용하는 데에만 혈안이 돼 있는 건지도 모른다는 생각. (2019.3.19. 중앙선데이)

최근 김현철 청와대 경제보좌관이 청년과 5060은 아세안에 가보라고 한 발언 이후 다시 불붙었던 '탈조선'논란에 문득 그 현상의 현재가 궁금해 젊은 친구들을 만나면 가볍게 물어봤었다.
➔ 최근 김현철 청와대 경제보좌관이 "청년과 5060은 아세안에 가보라."고 했다. 이 발언에 '탈조선'논란이 다시 불붙었다. 이에 문득 그 현상의 현재가 궁금해 젊은 친구들을 만나면 가볍게 물어봤었다.

위 문장은 이처럼 최소 셋으로 끊어서 쓸 수 있다. 최근의 짧은 문장 선호 풍토에선 그렇게 끊어 쓰는 게 장려된다. 문장만 놓고 볼 때는 뒤에 3개로 나눈 문장이 훨씬 분명해 보일 거다. 하지만 앞의 문장을 원래 글에 대입해서 다시 한 번 읽어보기 바란다. 어떤 게 더 편안한지.

문장의 길이는 전체 글과의 조화에 따르는 것이지 그 문장 자체로만 좋고 나쁨을 평가하기는 어렵다.

감상적인 글은 문장이 길다

아래는 내 칼럼들 중 감성적 기법으로 쓰인 것이다. 문장의 길이와 호흡을 생각하면서 읽어보기 바란다.

[양선희의 시시각각] **윤동주가 물었다, 부끄럽지 않냐고**

지난 주말 영화 '동주'를 보러 갔었다. 영화의 엔딩자막이 다 올라가고 영화관에 불이 환히 켜질 때까지 자리에서 일어선 관객은 없었다. 영화가 끝난 후까지 이어진 짧았지만 길었던 정적은 실로 낯선 것이었다. 일어나며 주변을 돌아봤다. 나만큼이나 망연한 표정으로 여전히 스크린을 응시하며 일어날 줄 모르는 관객들이 눈에 들어왔다.

영화가 내게 어떤 기특한 생각이나 영감을 불러일으킨 것은 아니었다. 처음엔 다만 먹먹하고, 울컥했을 뿐이다. "이런 시대에 태어나 시인으로 살고자 했던 나 자신이 부끄럽다."며 오열하는 동주의 마지막 장면이 머릿속에서 저절로 재생되고 있었다. 그러고 나선 청년시인 윤동주가 내게 걸어온 말, '부끄러움'이란 단어가 나를 꽉 채웠다. 이 말을 덜어내지 않으면 다른 얘기로 넘어갈 수 없을 만큼 꽉 잡힌 탓에 원래 쓰려고 취재했던 다른 주제를 미뤄놓고 지금 어쩔 수 없이 이 글을 쓴다.

'이런 시대'. 나라의 주권을 잃고, 말과 글을 잃고, 이름마저 잃어버렸던 시대. '아시아 해방'이라는 명분을 들이대며 무고한 시인을 생체실험의 마루타로 던져 넣고 목숨을 요구했던 미치광이 같은 일제치하가 그의 시대였다. 말과 글은 광기 어린 명분의 도구로 타락하고 순결한 언어는 탄압받던 시대를 살았던 원통한 시인은 그 비천해진 언어를 붙들고 원한과 분노가 아니라 부끄러움을 토로했다.

'윤동주 시인이 우리 주권과 언어와 이름을 누리는 지금 이 시대를 살았다면 부끄러움이 아닌 아름다움을 맘껏 노래할 수 있었을까'. 생각이 이에 미쳤을 때 비로소 내게도 부끄러움이 확 밀려왔다. 윤동주의 눈으로 보니 우리 시대의 언어는 외부 세력의 탄압이 없음에도 스스로 천해지고, 오염되고, 사나워져 있어서였다.

저녁을 준비하며 두부를 꺼내 들었을 때 나는 순간 고 노무현 전 대통령의 참혹한 죽음을 떠올렸다. 거의 자동으로 말이다. 요즘 떠오르는 한 신예스타를 '일베'로 몰아붙이는 과정에 등장한 언어가 내 의사와 상관없이 내 언어를 오염시킨 탓이었다. 그가 SNS에 썼다는 '두부 심부름'이 '두부 외상'으로 사인이 기록된 노 전 대통령의 죽음을 조롱하는 것이라는 주장. 천박한 상상력이 만들어낸 분열적인 말놀음이지만, 한 번 던져진 미친 언어는 폭력처럼 내 정신세계에 외상을 입히고 우리 말을 넌덜머리 나는 것으로 만들었다.

일부 무절제한 군중들의 말만 사납고 천한 것은 아니다. 총선을 앞둔 정치인들과 그 주변의 소위 사회지도층들이 쏟아내는 말들도 부박하고 염치없기 짝이 없다. 선거로 민의의 심판을 받는다는 말은 이제 수사로만 남았을 뿐이다. 국민의 뜻과 의지에 대한 사색과 탐구는 사라지고, 여당 후보들은 대통령에 대한 충성심을 경쟁하는 언어들로 자신을 치장하고 대부분의 후보들은 자신에 대한 유불리에 따른 이전투구와 파벌의 언어를 남발한다. 살생부·음모곰팡이·자작극·공천막장극…. 총선 시국의 말들은 사납기 그지없고, 시대의 언어를 실어 나르는 언론 매체들은 매일 이들이 배설해낸 부끄러운 언어들로 어지럽다.

영화 '동주'에서 시인의 아버지는 아들에게 "의대에 가라."며 "글 써봐야 기자밖에 더 하겠느냐."고 다그친다. 그가 앞서 산 덕에 지금 이 시대에 기자가 되지 않았다는 데에 안도한다. 부끄러운 말을 부끄러운 줄도 모르고 하는 부끄러움이라는 말조차 잊은 시대에 욕된 기자로 살기에 그의 언어세계는 너무나 염결하다.

누가 윤동주만큼 비통한 삶을 살았는가. 그럼에도 그에겐 원한 사무친 독한 말이 없다. 다만 언어를 대함에 있어 치열하게 사색하면서도 부끄러워했을 뿐이다. 그가 세상을 떠난 지 70년이 지나도록 이토록 심금을 울리는 건 부끄러움을 아는 언어의 위대함 때문일 거다. 지독하게 사납고 염치없는 언어가 지배한 오늘, 영화로라도 윤동주가 돌아온 건 우리에게 부끄러움을 물으려는 그의 순결한 충정이 발현된 때문인지도 모른다는 생각이 들었다. (2016.3.2. 중앙일보)

전반적으로 문장이 중간 정도의 길이로 길게 쓰였다. 특히 감성을 토로하는 문장들이 좀 더 길다. 잔잔한 감성으로 이어진 글은 길이도 대개 고르다. 들쭉날쭉한 호흡은 잔잔한 감성을 전달하기 어렵다. 하지만 감성을 고조시켜야 하거나 메시지를 던지는 대목에선 짧은 문장으로 잇는다. 이렇게 문장의 길이로 감성과 이성을 조절해나갈 수 있다.

또 감성적인 글에는 칼럼이라 하더라도 적당한 수식어를 써줘야 한다. 요즘 하도 글쓰기에서 '수식을 빼라.'는 가르침이 많아서 수식을 하라고 하면 오히려 어색해 한다. 그러나 우리나라에 얼마나 좋은 수식어들이 많은데, 그걸 외면하는가. 다만 수식어를 과하지 않게 그리고 적절하게만 쓰면 된다. 윗글에서 밑줄 친 부분은 빼도 상관없는 수식들이다. 그러나 뺐을 때와 넣었을 때를 비교해서 읽어보기 바란다. 넣는 것과 빼는 것 중 어떤 것을 선택하는 게 좋은지 말이다.

이성적이고 냉정하게 풀어가는 글들은 대략 짧은 문장들 속에 숨 쉴 틈을 위해 긴 문장이 섞이는 편이고, 감상적이고 감정에 호소하는 글들은 함께 한숨도 쉬어가며 읽을 수 있도록 자연스럽게 문장을 구성하다보면 중간 길이 정도 이상으로 나오는 경우가 많다.

뒤로 갈수록 문장의 길이가 짧아지는 글

대다수의 독자에겐 불편하고 나에겐 중요한 주장을 하는 경우 문장의 길이에서도 차이가 난다. 독자에게 불편한 주제를 꺼낼 때 처음부터 호전적인 자세를 보이는 건 하책이다. 처음엔 설득 혹은 호소처럼 상대가 편안히 읽을 수 있도록 하는 게 관건이다. 문장의 길이가 긴 것이 이완하는 작용이 있다. 내용 면에서는 이런 경우 대개 인용이나 좋은 말씀을 문장 길이에 구애받지 말고 편안하게 쓰는 것으로 시작해 분위기를 잡고, 자신의 해석을 넣을 때에도 다소 호흡을 길게 가져가게 된다.

그러다 강하게 자신의 주장을 해야 할 때는 짧은 문장으로 몰아치듯 하는데, 이 부분이 전체 글에서 차지하는 부분이 길어선 안 된다. 문장도 짧게, 분량도 짧게 가져가는 것이 관건이다. 내 칼럼 중 그런 사례를 찾아 예시했다. 전체 글의 흐름에서 줄친 부분의 문장들이 매우 짧다는 것을 볼 수 있다.

단, 시작은 짧은 문장으로 하는 게 좋다. 이건 대부분의 경우가 그렇다. 시작은 독자의 시선을 잡을지 말지 결정하는 중요한 부분이므로 길게 늘어지는 건 좋지 않다. 첫 문장은 독자를 꼬시는 용도다. 강하든지, 주제를 확 내세우든지, 어떻게든 매혹적으로 써야 한다.

[양선희의 시시각각] **누가 '기레기'를 키우는가**

"긴 기사를 더 많이 읽어라. 인쇄 매체를 구독해 탐사 저널리즘을 지원하라."
미국의 역사학자 티머시 스나이더는 최근 저서 『폭정-20세기의 스무 가지 교훈』(열린책들)에서 폭정(暴政)의 비극을 피하는 한 방법으로 '신문 읽기'를 권했다. 스나이더는 20세기의 악몽 '독재와 홀로코스트'를 연구하는 학자다. 이 책에서 그는 도널드 트럼프의 미국 대통령 당선이 민주주의에 균열을 일으킬 수 있다며, 민주주의 수호를 위해 시민들이 해야 할 일들을 역사적 경험을 짚어가며 권고했다. 자칫하면 20세기처럼 평범한 사람들이 폭정의 피해자 혹은 협력자가 될 수 있음을 우려하면서 말이다. 그 중 하나가 신문 읽기다. 또 인쇄매체 기자의 중요성도 강변한다.

"인쇄매체의 훌륭한 기자들은 우리에게 의미를 곱씹게 한다. 그들이 아니면 그저 의미 없는 정보 조각에 불과했을 일들을 우리 자신과 미래에 어떤 의미를 가지는지 곱씹게 한다."

그는 '주류언론'이 조롱거리가 되고, '진실이 뭐냐'며 따지기만 하는 게 능력 있는 사람으로 인식되는 냉소주의의 위험도 경고했다. 사회의 공동지식에 신뢰를 보내고, 진실을 조사하는 사람들을 지원하는 게 폭정으로부터 사회를 보호하는 태도라는 것이다. 기자는 완벽하지 않지만, 언론 윤리를 고수하는 자들의 글은 그렇지 않은 자들의 글과 질적으로 다르다고도 했다. 그러면서 배관공에겐 돈을 지불하면서 왜 뉴스는 공짜로 보려 하느냐고 질문한다. 지적·정치적 견해를 얻으려면 대가를 지불하라는 것이다.

'뉴스의 대가'. 최근 미국 언론사 모임인 뉴스미디어연합(NMA)은 구글·페이스북과 "뉴스에 제값을 지불하라."는 협상을 하겠다고 밝혔다. 언론사가 뉴스를 생산하고, 인터넷 포털은 이를 유통하며 광고수익을 독식하고, 소비자들은 공짜로 즐긴 지 꽤 됐다. 그 사이 인터넷 '공짜 뉴스'의 망령이 뉴스 생태계를 교란하며 뉴스와 가짜 뉴스가 뒤섞이고, 언론 전체에 대한 냉소와 조롱이 뒤덮인 터다. 기자들을 향해 '거짓말쟁이' '기레기'라며 조롱하는 것도 세계적 추세다.

이제야 세계 언론사들이 뉴스의 대가를 요구하고, 우리 언론들도 포털이 독점한 뉴스 유통 시장에서 언론사들에 수익을 배분해야 한다고 주장하기 시작했다. 그러나 남의 주머니에 들어간 돈을 빼오는 건 쉬운 일이 아니어서 결과는 알 수가 없다.

그럼에도 뉴스에 대가를 지불하는 건 중요한 문제다. 혼탁한 뉴스 생태계를 정리하고 질 좋은 뉴스를 수호하려면 말이다. 뉴스를 생산하는 데는 돈이 많이 든다. 우선 제대로 된 기자는 시간과 공력과 돈을 들여야 키울 수 있다. 내 경우도 개인적 공력은 둘째 치고 신참 때는 선배들이 도제식으로 붙어서 취재와 기사 쓰는 법을 가르쳤고, 회사는 기자 몫을 해낼 때까지 몇 년을 기다렸고, 국내외 연수를 시키며 투자했다. 이 과정을 거쳐야 한 명의 기자가 태어난다. 이런 과정을 건너뛴 기자들이 어떤 기사를 쓸 수 있는지 나는 상상이 잘 안 된다.

공짜 뉴스 때문에 언론계는 피폐해지고 있다. 기자를 기르는 일조차 쉽지 않아지면 그야말로 '공짜 뉴스'나 만드는 기레기들이 판치는 세상이 올지도 모른다. 공짜는 품질을 따질 수 없고, 진짜·가짜가 분별되지 않는 상품이다. '공짜 뉴스의 함정'에 빠져 있는 한 진실을 추구하는 우리 사회의 노력은 무의미해질 수 있다. 스나이더가 지적했듯 이건 시민들이 해야 하는 일이다. 공짜 뉴스를 거부하고, 공신력 있는 뉴스에 대가를 지불하는 태도를 통해 언론인들이 다시 한 번 신발 끈을 조이도록 해야 한다.

(2017.07.18. 중앙일보)

리듬과 호흡 정리

리듬과 호흡은 글을 쓸 때마다 의식적으로 이를 염두에 두고, 맞추려고 애쓰는 요소가 아니다. 숨 쉬는 건 잊고 있어도 숨을 쉬듯이 그저 알고 있으면 된다. 글을 쓸 때에는 내용에 집중해야 하므로 쓰는 동안에는 잊어야 한다.

다만 그것이 자연스럽게 손끝에서 나와 스스로 구현되도록 몸에 익혀두어야 한다. 그것이 몸에 익을 때까지 문장력이 좋은 사람들의 글을 리듬과 호흡의 관점에서 읽으며 연습한다면 스스로 자신이 좋아하는 리듬과 호흡을 얻게 될 것이다.

글쓰기는 쓰는 시간보다 고치는 시간, 즉 퇴고의 시간이 더 길다. 글을 고르면서 리듬과 호흡을 살피면 된다. 입으로 작게 소리 내어 읽을 때, 자연스럽게 느껴지면 그것이 자신의 리듬이며 호흡이다.

문장의 첫인상

글은 기본적으로 글쓴이의 지적 수준과 배움의 정도, 그리고 성찰의 깊이와 성숙도를 보여준다. 이들은 내용이 전개됨에 따라 보이게 되지만 실제로는 내용을 탐색하기도 전에 첫인상에서 대략 판가름이 난다. 첫인상이 나쁘면 아예 자기소개도 하기 힘들어질 수 있다는 말이다.

첫인상은 문법, 띄어쓰기와 맞춤법, 단어와 인용의 적절성 등으로 가려진다. 띄어쓰기와 맞춤법이 눈에 거슬리고, 적확한 단어나 인용이 안 되어 있고, 문법에서 어긋나 있다면, 내용을 불문하고 신뢰받기 어렵다. 그의 사고가 아무리 고매하고 내용이 획기적이어도 독자들은 읽기를 거부하게 된다. 글쓰기 인프라스트럭처로서의 이 부분들은 결코 가볍게 넘어가선 안 된다.

이는 테크니컬한 부분이다. 모르겠으면 건너뛰고 맨 나중에 읽어도 된다. 읽으면서 스트레스를 받으면 완주를 못 한다. 여기서도 꼭 짚고 넘어가야 하는 부분, 주의를 기울여야 하는 최소한만 다뤘을 뿐, 관련 내용을 세심하게 다루진 않았다. 처음부터 테크닉에 기운을 빼면 글쓰기까지 가지도 못 한다. 그래서 앞으로 무엇을 공부하면 되는지를 보여주는 차원에서 살짝만 다뤘다. 재미삼아 읽어보면 된다.

그러나 본격적인 글쓰기에 들어가면 여기에서 다루지 않은 내용들은 스스로 궁금해져서 더 공부할 수밖에 없게 될 것이다. 이 부분은 스스로 찾아가며 해야 하는 일, 글쓰기를 할 때마다 매번 고민해야 하는 일, 평생 해야 하는 작업이므로 이 장에서 너무 힘 빼지 않아도 된다.

1 문법

내가 알고 있는 문법은 대개 고등학교 시절에 배웠던 지식이 주류다. 현재형 문법을 가장 잘 아는 건 최근에 수능을 본 친구들이다. 나의 문법 지식은 요즘 여지없이 깨지고, 심지어 내가 알고 있는 용어마저도 달라져 생소하기까지 하다.

언어는 변한다. 그에 따라 문법도 변한다. 이는 다른 말로 '문법의 절대성은 없다.'는 말이기도 하다. 그래서 나는 '문법 원리주의'를 경계한다. 국어순화운동을 하시는 분들이 깨알같이 지적하는 문법적 요구사항들을 수긍은 하지만, 이를 다 충족시키려 하거나 문법적 오류를 피하기 위해 신경을 곤두세우진 않는다. 그렇게 하면 글은 쓸 수 없는 지경이 될 수도 있다.

깨질 수 없는 법칙은 없고, 깰 수 없는 규칙도 없다. 문법도 마찬가지다. 문법도 상황과 목적, 시대의 변화에 따라 얼마든지 깰 수 있다.

하지만 모든 지적 활동이 그러하듯이 그것은 분명한 이유와 목적의식을 가지고 실행해야 하는 일이다. 문법에 무지하거나 부주의해서 잘못 쓰는 것이 문법을 깨는 이유가 되어선 안 된다. 문법을 알고, 자기 스스로 파괴의 이유를 명확히 한 뒤에야 비로소 깰 수 있다는 얘기다. 몰라서가 아니라 알면서 깨야 한다는 말이다.

한국인으로, 중등 교육 이상을 받은 사람이라면 우리말 문법은 상당 부분 체화돼 있어 굳이 따로 문법을 따져가며 글을 쓸 필요는 없다. 글을 쓸 때 대부분의 문법은 의식하지 못해도 자연스럽게 구현된다. 다만 한글로 글을 쓸 때 유독 잘 구현해내지 못하는 부분들이 일부 있다. 이런 취약한 문법 부분만 잘 연구하고 피해 가면 꽤 좋은 글쓰기가 가능하다.

1) 주어와 서술어의 호응

당연한 말이다. 그럼에도 글쓰기와 관련해 첫째로 강조되는 게 이 말이다. 그만큼 주술의 호응이 안 되는 글들이 많다는 얘기다. 가끔씩 무슨 말을 하려는 건지 도통 알 수 없는 문장들, 횡설수설로 밖에는 설명할 수 없는 문장들이 있다.

글쓴이의 설명 능력이 부족하고, 논리적이지 못해 그런 경우가 많지만 문법적으로는 주어와 술어의 호응이 되지 않는 경우가 상당수다. 비논리적인 글들 역시 주술의 호응이 불분명한 경우가 많다. 한글은 구조와 특성상 자칫하면 주술의 호응이 어긋날 수 있다. 도대체 한글 문장을 지을 때 주어는 왜 어려운지 생각해보자.

주어는 어디에?

> 투표를 앞두고 평소 정치엔 무관심했던 여성 친구와 선배들이 뻔질나게 보내는 문자를 보면서 국민들의 긴장감을 느낄 수 있었다.
>
> (2017.5.20./ [양선희의 시시각각] 대통령의 시간, 시민의 시간)

앞의 문장에서 주어는 무엇인가?

이 문장에선 주어가 보이지 않는다. '나는'이라는 주어가 생략된 것이다. 이건 한국어의 특징이다. 주어가 생략되는 경우가 무수히 많다. 실제로 주어 생략이 문법적으로 틀린 게 아니다. 이 문장은 그나마 쉽게 생략된 주어를 찾을 수 있는 경우다.

주술이 호응하는 글을 쓸 때, 신경 써야 하는 건 술어보다는 주어인데, 불행하게도 우리글은 주어를 찾는 일이 쉽지 않은 경우가 많다. 주어만 잘 찾으면 술어는 그에 따라 풀어 가면 되는데 도대체 주어는 어디 있는 것일까.

'이/가'와 같은 주격조사가 붙어 주어임이 명시되는 경우는 간단하다. 하지만 한글은 주어가 생략되는 경우도 있고, 긴 문장이 주절이나 주부를 이루는가 하면 주어가 두 개인 경우, 여러 개의 주부에 한 개의 술부가 따라붙는 경우도 있다.

예전에 독서에 대한 강연을 준비하면서, 책을 읽을 때 독해력 문제를 설명하기 위해 '주술관계의 헷갈림'의 근원을 찾은 적이 있다. 인터넷 검색을 하다가 이런 대목을 찾았다.

> 언어학자 찰스 리(Charles N. Li)와 산드라 톰슨(Sandra Thompson)이 세계의 언어를 주제중심성(topic-prominence)과 주어중심성(subject-prominence)이라는 개념으로 분류했는데, 한국어는 주제와 주어가 모두 중심이 되는 언어로 분류했다. 주어중심성은 주어와 술어의 관계가 분명한 언어다. 그러나 주제중심성 언어의 경우 문장의 주제(화제)가 명시적으로 드러나는 데 비해 주어는 크게 중시되지 않아 주제어와 서술어 간의 의미 또는 문법적 관계가 성립하지 않아도 문장 구성이 가능하고, 주어 생략이 가능하며 주어가 없는 무주어문, 이중주어문이 가능하다는 것이다.
>
> (한국민족문화대백과, 한국학중앙연구원)

한글은 이처럼 다면적인 얼굴을 가지고 있다. 글을 쓸 때 주어 없이 쓸 수 있다는 것은 그만큼 자유롭게 쓸 수 있다는 말이기도 하다. 그러나 자유에는 늘

절제가 요구되고, 책임이 뒤따르는 법이다. 한글은 이런 특징 때문에 내키는 대로 쓰다가는 헤어날 수 없는 수렁에 빠지게 되는 약점도 있다.

수렁에 빠진 글
주어와 술어가 따로 놀면서 수렁에 빠진 글의 사례는, 실은 매일 인터넷에서 기사를 보다가도 여러 개를 발견한다. 하지만 남의 글로 구체적 사례를 삼기엔 좀 꺼려지는 부분이 있어서, 과거 1990년대 중앙일보 심의실에서 사보에 연재했던 잘못된 문장의 지적 사례를 일부 인용해보고자 한다.

과거 신문은 교열부에서 교열을 보고, 심의실에서도 대장을 보며 어색하거나 잘못된 문장과 논리들을 걸러냈기 때문에 이 문장들이 인쇄까지 되지는 않은 걸로 안다. 다만 심의실에서 처음 원고 상태에서 잘못된 사례들을 지적하며 기자들 교육용으로 배포했던 것이다. 어쩌다 보니 이 자료가 내 컴퓨터에 남아 있어서 '잘못된 사례'를 보여주고 싶어 일부만 인용한다. 이 세 개의 사례를 가져온 것은 이런 유형의 오류가 요즘도 빈번하게 보여서다.

● 운동권의 바닥을 누비며 온몸을 던진 골수파에서부터 광범위한 동조파에 이르기까지 현장을 누빈 문화운동 패들, 민주운동에의 개안(開眼), 시위대의 '구름 같은 집결', 장벽 같은 저지선의 돌파, 절망을 넘어 희망으로 일어서게 한 힘은 어디서 온 것일까.

→ 하고 싶은 말이 많은 글이다. 힘주어 표현하려는 의욕도 넘친다. 하지만 기다란 주부(主部) 속에 든 주어들이 모두 '어디서 온 것일까'라는 술부(述部)와 호응하는지는 의문이다. 특히 '문화운

동 패들'이 그렇다. 문장을 나누고 더 간결하게 정리해야 한다.

● 재벌개혁에 대한 정부의 확고한 의지가 국제사회의 호평임을 상기시켰다.
→ '확고한 의지가 국제사회에서 호평을 받고 있음'을 얘기하고 싶었을 텐데, 이 글에선 '의지⇨호평'이 되고 말았다.

● 실제 60㎞ 밖에서도 사람이 내쉬는 이산화탄소를 냄새 맡고 달려올 정도로 모기의 후각은 예민하다. 그러나 막상 달려와서 누구를 물 것인가는 이산화탄소가 아닌 셈이다.
→ '그러나~' 이후는 과연 무슨 뜻일까.

과욕은 글을 망치고 표현을 수렁에 빠뜨린다. '운동권 바닥을 누비며'로 시작된 첫 문장은, 글쓴이의 가슴 속에 일렁이는 감격과 감동, 커다란 감정을 전달하고자 하는 '감격적 욕망'에 겨워 길을 잘못 잡았다. 둘째 문장은 '확고한 의지'처럼 단호하고 간결한 문장을 추구하다 중간에 거쳐야 할 길을 다 생략하는 바람에 아예 의미 없는 문장이 되었다. 셋째 문장은 '재치 있게 보이려는 욕심'이 과했다.

'글'이란 논리적이고 냉정하고 중립적인 도구다. 글 쓰는 사람이 '글'과 대면할 때에는 그보다 논리적이고 냉정해져야 글을 가지고 마음대로 휘두를 수 있다. 자칫 표현의 욕심만 앞서면 '글'이라는 논리적 도구에 유린당하게 된다.

수렁을 피하는 전략

글쓰기를 연습할 때는, 능란하게 글을 지배하는 단계에 이르기 전까지는, 주어(주절과 주부 포함)에 대한 나름의 계획을 의식적으로 가지고 있는 것이 좋다. 그래야 글이 갈피를 못 잡거나 횡설수설하는 것으로 보이지 않는다. 나의 트릭 몇 개를 소개하자면 이렇다.

> ㉮소비자에게 최상의 이익이 돌아가는 게 합리적 소비라고 했다. 그러나 ㉯자본주의가 고도화될수록 소비의 개념은 바뀌고 있다. 원래 ㉰탐욕은 기업 발전의 원동력의 하나지만 이제 탐욕의 수준은 제어할 수 없는 지경이 되고, 정부의 복지부동은 타성으로 자리 잡았다. ㉱이런 사회에서 공공선을 지키고 자본주의의 양심을 각성시킬 수 있는 주체로 남은 건 소비자다. (2016.5.11. [양선희의 시시각각] 기업도 정부도 믿어선 안 된다)

㉮ (혹자는) 소비자에게 최상의 이익이 돌아가는 게 합리적 소비라고 했다.

'합리적 소비는 소비자가 최상의 이익을 얻는 것이다.'라는, 주어가 분명한 단순한 문장으로도 쓸 수 있었다. 하지만 문장은 정황에 따라 강조하고 싶은 대목이 따로 있다. 이때 강조하고 싶은 부분을 앞으로 빼는 것이 글에 힘이 있다. 여기에선 '소비자에게 최상의 이익~'을 강조하기 위해 앞으로 빼면서 주술관계가 복잡해졌다. '소비자에게 최상의 이익이 돌아가는 게/ 합리적 소비다.'로 했다면 주부와 술부로 나눠서 볼 수도 있다. 이 문장은 단순한 나의 주장일 뿐이다. 다른 사람들도 이 생각에 공감하고 있는 것으로 보이도록 하는 장치로 맨 뒤에 '했다'를 붙여서 '주어생략문'으로 만들었다.

➡ 주술의 호응에 원론적으로 몰입하면 자신의 의도를 제대로 표현하기 어려울 수 있다. 한글은 자유롭게 쓸 수 있다고 했다. 주술관계도 얼마든지 자유롭게 풀어나갈 수 있다. 다만, 문장의 주어가 무엇인지 자신은 알고 있어야 한다. 주어가 생략된 문장이라 하더라도 말이다. 글쓴이가 문장이 지향하는 방향을 알고 있으면, 독자들도 금세 알아챈다.

㉯ 자본주의가 고도화될수록 소비의 개념은 바뀌고 있다.
수식을 앞으로 돌리고 주어를 뒤로 돌려서 술어와 붙여놓는다. 내 칼럼들을 다시 찾아보니 내가 꽤 자주 사용하는 트릭이었다.

"이혼하거나 외부의 도움으로 위기에서 벗어날 수 있다는 재판부의 생각은 몽상이다." (2016.5.4. [양선희의 시시각각] 아내는 맞아 죽어야 하나)

㉰ 탐욕은 기업 발전의 원동력의 하나지만 이제 탐욕의 수준은 제어할 수 없는 지경이 되고, 정부의 복지부동은 타성으로 자리잡았다.
주술의 호응에서 실수가 가장 많이 나오는 부분이 바로 여러 문장을 연결할 때다. 대개 여러 개의 문장을 쉼표(,)로 연결해 주부

로 삼고, 한 개의 술어로 묶으려다 실수가 나온다. 내 경우는 문장들을 연결할 때 대부분 '주어+술어'의 완결된 형태로 만들고, 뒤에 다른 문장들을 이어나가는 방식을 취한다. 각 주어마다 그에 따른 술어를 붙이고, 뒷문장도 똑 같은 방식으로 연결하면 몇 개의 문장을 이어붙이더라도 헷갈리는 일이 없어진다. 복수의 주부에 하나의 술부를 두려는 시도는 자칫하면 실패한다. 주부를 여러 개 만들 때는 항상 술어와 호응하는지 각 주부와 술부를 연결해 검토한 뒤에 이상이 없을 때에만 활용해야 한다.

㉺ 이런 사회에서 공공선을 지키고 자본주의의 양심을 각성시킬 수 있는 주체로 남은 건 소비자다.
강조하고자 하는 주어를 술어로 활용한다. 여기서 주부는 '~남은 건(것은)'이다. 하지만 이 문장의 주제(주어)는 '소비자'다.
"소비자는 이런 사회에서 공공선을 지키고 자본주의의 양심을 각성시킬 수 있는 주체이다."이렇게 바꿔 쓰는 것이 문장으로서는 안정적이지만 강조의 뜻을 나타내기 위해서 주어를 술어 위치로 돌렸다.

이제 각자 자기만의 '주어를 다루는 전략'을 세워보는 게 어떨까. 앞에 나의 주어 전략을 소개한 건 이런 사례가 좋다는 게 아니라 주어를 다루는 전략이라는 게 무엇인지 알려주고자 한 것이다. 다른 필자들의 글을 보면서도 주어와 술어의 관계에 집중해서 살펴보면, 여러 가지 방법론을 알게 될 것이다. 이런 학습의 과정을 통해서 자신만의 '주어 다루기' 전략을 세워보는 게 좋다.

한글의 특징, 이중주어

한글 문장에는 서술어는 하나인데 주어는 두 개인 경우가 많다. 흔히 이중주어문이라고 한다. 이중주어문을 설명할 때 흔히 제시되는 대표적 사례는 이렇다.

'코끼리가 코가 길다.'
'영희는 얼굴이 예쁘다.'

이런 이중주어문은 다른 언어에선 사례를 찾기 어려워 어학자들도 고민 중인 듯하다. 이중주어문은 외국어로 번역할 때 걸리적거린다는 지적도 나온다. 이 사례들을 영어로 번영하면 ~'s ~로 연결된 '코끼리의 코' '영희의 얼굴'과 같은 방식으로 풀어서 사용할 수 있다. 그래서 일부에선 글을 쓸 때 되도록 이중주어문을 피하라고 권하는 경우도 있다.

이중주어문을 피하는 게 답일까?

'코끼리가 코가 길다' → '코끼리의 코가 길다'
'영희는 얼굴이 예쁘다' → '영희의 얼굴이 예쁘다'

물론 같은 뜻이다. 그런데 어감이 다르다. 글을 쓴다는 건, 다만 의미가 통하도록 쓰는 기술적 행위가 아니다. 감정과 어감이라는 미묘한 부분까지 전달할 수 있어야 좋은 글쓰기다. 생각해보자. 아이와 함께 동물원에서 처음 코끼리를 본다면 엄마나 아이나 어떻게 말할까.

"와! 코끼리가 코가 길다."고 말하는 게 일반적이지 않을까. "와! 코끼리의 코가 길다."고 말하는 사람은 몇 명이나 될까.

언어란 우리의 정서와 습관의 문제다. 주어 없이 쓰는 것도, 주어를 복수로 쓰는 것도 한국어의 특징이다. 한국어만의 특징이 '글로벌 스탠다드'에 부합하지 않는다고 해서 바꿀 필요는 없다. 이중주어를 한국인이 알아들으면 그만이다. 우리말로 글을 쓰면서 남의 언어 사정을 의식할 필요는 없다.

2) '조사'의 이해

신문사엔 '데스크'라는 기능이 있다. 기자들이 쓴 기사를 데스크가 데스크를 한다. 데스크는 두 가지 의미가 있다. 하나는 기사의 문장을 매끄럽게 고치고, 논리가 꼬여 있으면 정연하게 하고, 팩트가 비어있으면 보충취재를 지시해 메우는 역할을 하는 사람을 이른다. 또 하나는 데스크가 하는 행위, 즉 기사를 기사답게 고치는 행위 자체를 데스크라고 한다.

나는 남의 기사를 고쳐주는 데스크 역할을 데스크가 아닐 때부터 꽤 오래 했다. 데스크는 대개 차장급 이상이 하는데, 내 경우 평기자 시절에 직제에도 없는 '리라이터'(rewriter)라는 애매한 직책으로, 이미 데스크가 손을 본 기사들로 만들어진 대장(신문을 찍기 전에 편집된 상태로 보는 사전에 제작된 지면)에서 문장을 고르는 역할을 했다.

그러다 알게 된 게 있다. 데스크를 거친 기사에서도 고쳐지지 않고 틀리거나 어색한 채 방치되는 사례는 거의 '조사'라는 것이다. 조사를 아주 많이 고쳤다.

한글에서 가장 어렵고도 미묘한 대목이 바로 조사인 것 같다. 나는 남의 글을 내 문투로 고치는 걸 싫어한다. 그래서 데스크를 볼 때에도 주술관계가 꼬였거나 문장 자체가 잘못되어 있지 않으면, 필자의 문투를 그대로 살린다. 그게 그의 개성이므로. 그럼에도 잘못된 조사나 어색한 조사는 고친다. 조사만 손을 대도 글이 훨씬 세련되고 단단해 보이고, 느낌이 달라진다.

"고친 데가 없는 것 같은데, 글이 뭔가 달라 보인다."는 후배들에게 "조사와 연결 부분을 대조해 보라."고 답해주곤 했다. 연결이란 문장과 내용을 나열하는 순서를 이른다. 어쨌든 조사는 글의 품위를 좌우하는 아주 중요한 요소다. 조사는 아주 복잡한 부분이므로 미세하게 설명하기 어렵다. 다만 글쓰기를 할 때 한 번쯤 생각해두면 좋을 몇 가지만 얘기하겠다.

'해에게서 소년에게'

~에게/~에게서/~(으)로부터

영어로 하면 from, to에 해당한다. 이렇게 영어는 명확히 구분되는데 요즘 우리말에선 용례(用例)에서 뒤섞이는 경우가 많다.

"영희에게 말했다."

"영희에게 들었다."

앞의 예문은 to의 의미로 사용된 것이고, 뒤의 예문은 from의 의미로 사용됐다. 내가 이제 고리타분해진 것일까. 과거엔 구어에서는 간혹 혼동해서 쓰더라도 글쓰기에선 '~에게'(to)와 '~에게서'(from)의 구분이 있었다. 최남선의 시 '해에게서 소년에게'처럼 말이다. 하지만 요즘은 이런 구분이 점차 희

미해진다.

 물론 문법은 용례에 따라 바뀐다. 요즘 사전을 보니 '~에게 들었다'도 인정하는 추세다. 그만큼 대다수가 이렇게 쓴다는 말이다.

 '~(으)로부터'도 그렇다. '~에게서'와 '~(으)로부터'는 모두 영어로는 from의 뜻이지만 기존 한글에선 용례가 달랐다.

> "그에게서 편지가 왔다."
> "욕망으로부터 자유로워지고 싶다."
> "집으로부터 멀어진…."

 '~에게서'는 주로 사람이나 동물에서 연원한 경우에 사용했고, '~(으)로부터'는 때와 장소, 혹은 욕망과 같은 무생물에서 연원한 경우 사용했다. 그러나 요즘은 '그 사람으로부터'처럼 과거 '~에게서' 용법과 똑같이 쓰인다. 나도 요즘은 '~로부터'의 경우 바뀐 용례에 따라 사람에 따라붙는 조사로도 쓴다. '~로부터'는 영어 from의 영향 때문에 '~에게서'보다 대중적으로 더 친숙하게 받아들여지고, 내가 다른 사람의 글을 읽을 때에도 '그녀로부터'라고 쓰인 글이 크게 어색하게 느껴지지 않아서다.

 시중의 용례가 변하면 문법이 변하는 건 당연하다. 하지만, 아직 '에게서' 부분은 과도기인 것 같다. 독자인 내가 다른 글을 읽을 때 '~에게 들다'는 식의 문장을 보면 껄끄럽게 느껴지기 때문이다. 이런 경우 좀 더 고급스러운 문장을 쓰고 싶다면, 고풍스러운 문법을 따르는 것도 방법이다.

'은/는'에 대한 오해

현장기자 시절에 기사를 데스크에 넘기면 목적격조사로 쓴 '은/는'을 반드시 '을/를'로 고치는 데스크가 있었다. 어떨 때는 내가 대장에서 조사를 다시 바꿔놓기도 했는데, 그러면 그 선배는 굳이 다시 바꾸고는 목적어를 쓰면서 '은/는'을 쓰면 어떡하느냐고 잔소리까지 하는 거였다.

'은/는'은 주격조사인가. 주격조사에는 '이/가'가 있고, '은/는'도 주격을 만드는 보조사이기도 하다. 그런데 '은/는'은 목적격으로도 활용되는 보조사다. '은/는'이 주격조사로 활용되는 경우가 많아 이 사실을 모르는 사람이 의외로 많다.

실제로 목적격 조사 '은/는'은 '을/를'로 바꿔도 의미가 달라지지 않는다. 다만 나는 글을 쓸 때도 어감으로 단어를 고르는 경향이 있어서, '을/를'보다 '은/는'이 자연스러울 때는 그걸 사용하는 것뿐이다.

조사는 쓰임이 다양하다. 어떤 조사를 선택하느냐에 따라 글의 느낌이 달라진다. 그런 점에서 조사의 다양한 쓰임에 대해 시간 날 때마다 한 개씩 공부하는 것이 좋다. 이건 얼마나 본인이 투자하느냐가 관건이지 달리 돌아갈 길이 없다. 그렇게 아는 만큼 쓸 수 있는 게 조사이다 보니 틈틈이 들여다보는 게 중요하다. 그래야 글을 쓸 때, 자연스러운 흐름이 중요한 글을 쓸 것인지 공식적인 문투의 글을 쓸 것인지에 따라 적절한 조사를 고르는 게 수월해진다.

거창해지려는 욕망
~에 대해/~에 관하여/~를 통해

이 앞에 제목이 '은/는에 대한 오해'였다. 여기에서 ~에 대한을 빼고, 다른 말로 대치한다면? 별로 딱 떠오르는 게 없다. 이런 경우 '~에 대한'을 쓰는 게 맞다. '~에 대해/~에 관하여/~를 통해'를 꼭 사용해야 할 때도 있고, 이 말이 들어감으로써 감정이나 의미 전달이 잘 될 때도 있다. 하지만 적재적소에 쓰지 않으면 거창해 보이려는 뉘앙스를 주거나 허풍스러워 보이는 경향도 있고, 딱딱해지는 경우도 있어서 상당히 절제가 필요한 용례다.

    '학생들에 대한 평가'
    '전통적 가치관에 대해 생각해보고'
    '인터넷 사이트를 통해 접수'
    '헌혈을 통해 온기를 전하고'
    '인간의 자율성에 관하여 이야기'

 누구나 무의식적으로 이런 표현을 자주 할 것이다. 내가 써놓은 글도 퇴고하기 전의 원고를 보면 이렇게 쓴 게 수두룩해서 다시 고치는 경우도 많다. 실제로 '~에 대해/~에 관하여/~를 통해'는 요즘 구어에서도 많이 쓰인다. 강연, 회의뿐 아니라 일상적 대화에서도 상당히 자주 쓴다. 그런데 위 사례들을 다음과 같이 고쳐보자.

    '학생들에 대한 평가' →학생 평가, 학생들을 평가
    '전통적 가치관에 대해 생각해보고' →전통적 가치관을 생각해보고
    '인터넷 사이트를 통해 접수' →인터넷 사이트에서 접수

'헌혈을 통해 온기를 전하고' → 헌혈로 온기를 전하고

'인간의 자율성에 관하여 이야기' → 인간의 자율성을 이야기

훨씬 간결하고 자연스럽다. 문장에서 거창한 느낌을 주거나 리듬을 해치는 작용을 할 때에는 이 부분을 고치자. 전체 문장과 리듬을 고려해 잘 골라 써야 한다.

조사인 줄 몰랐는데
가장 골치 아픈 게 바로 조사처럼 안 생겼는데 조사라며 뒤통수치는 경우다. 한글에선 9품사 중 조사를 제외한 8개 품사의 단어는 모두 띄어 쓰게 돼 있다. 다른 말로 조사는 반드시 앞 단어와 붙여 써야 한다는 말이다. 그런데 의존명사쯤으로 '오해'를 받아 수시로 띄어쓰기를 하는 조사들도 많다. 이런 조사들을 잘못 쓰는 경우 글의 퀄리티마저 의심받게 되므로 조심해야 한다. 특히나 애를 먹이는 경우를 알아본다.('~마저' '~나'도 조사다)

- '커녕'.
데스크를 볼 때 "커녕은 조사이니, 붙여 쓰기를 해야 한다."는 걸 한 명 한 명 붙들고 설명했던 것 같다. 그만큼 커녕은 의외의 조사다. 지금 이 부분을 쓰면서 인터넷에 '커녕'을 검색해보니 블로그·카페·기사까지 뒤따르는 예문들에서 커녕은 모두 띄어쓰기를 해놨다. 당연한 듯 말이다.
하기는커녕, 보기는커녕, 조치는커녕, 보상은커녕, 청백리는커

녕…. 지금 인터넷 창에 뜬 잘못된 '커녕'을 고쳐본 것이다. 예문처럼 주로 ~ㄴ커녕, 은커녕, 는커녕 형태로 쓰인다.

● '그래'.
뜻밖에도 조사 기능이 있다. '그렇다'는 의미의 '그래'는 당연히 띄어 쓴다. 하지만 문장의 내용을 강조할 때 활용하는 보조사로서의 '그래'는 붙여 써야 한다. 그렇군그래, 먹지그래. 아닐세그려…

● '같이'와 '같은'.
같이는 조사로도 부사로도 쓰인다. '너같이' '나같이'는 '너처럼' '나처럼'과 같은 뜻이다. ~처럼 용법으로 쓰일 때는 조사다. 그런데 '너와 같이'처럼 '함께'라는 뜻으로 쓰일 때는 부사다. 이때는 띄어 써야 한다. 띄어 쓸 때도 있고, 붙여 쓸 때도 있다는 말이다. 여기에 고약한 장면이 하나 더 있다. '같이'와 비슷하게 생긴 '같은'은 '~처럼'의 의미로 쓰여도 띄어 쓴다. '너 같은'은 '너처럼'과 비슷한 용례인데도 말이다. '같이'를 제외한 같은,. 같아, 같다 등 '같~'은 띄어쓰기가 원칙이다.

그런데 또…. 열심히 가르쳐놨더니 '쏜살 같은 속도'라고 써온 걸 본 적이 있다. '쏜살같은'이 맞다. '~같다' 형태의 한 단어로 굳은 경우다. 한글은 이런 경우가 많다. 이런 종류의 단어는 모두 알아두기도 힘들어 글을 쓸 때마다 사전을 찾아 확인해야 한다. 이런 경우가 너무 잦아서 띄어쓰기는 어렵고, 한글로 글을 쓸 때는 사전을 손에서 놓을 수가 없다.

어감·분위기를 살릴 때 도움이 되는 조사들
흔히 쓰는 조사는 아니어도 알아두면 요긴하게 쓰이는 조사들이 있다. 다른 조사들로 대체 가능하지만 자신의 감정을 드러내거나 어감을 살리거나 분위기를 고려해서 사용하게 되는 조사들이다. 아래는 내가 가끔씩 애용하는 조사들이다.

- 깨나. 힘깨나 쓰는
- 마따나. 말마따나
- 인즉(슨). 말인즉, 말인즉슨
- 야말로. 그야말로
- 조차. 기운조차

 우리말에서 조사는 생각보다 많다. 특히 조사들 중에는 어감을 살리는 데 감초 같은 역할을 할 수 있는 것들이 많다. 많이 알아둘수록 '나의 글'이 풍부해진다. 글은 아는 것만큼 풍부해진다. 지식만이 아니라 조사도 그 중 하나다. 시간 날 때마다 조사들을 의식적으로 찾아보면 의외의 수확이 생길 것이다.

조사 없이 쓰는 문장
"너 물 마시고 싶어?"

"사과 줄까?"

조사도 '반드시' 써야한다는 법은 없다. 구어에서는 위의 사례처럼 조사 없이 말을 하는 경우가 다반사다. "너(는) 물(을) 마시고 싶어?" 이 짧은 문장에 주격조사 목적격조사가 모두 없다. 소유격은 구어에선 사라진 경우가 흔하다. '영희 가방' '그 집 물건'

조사가 없어도 뜻이 통한다.

그럼 조사를 써도 되고, 안 써도 된다는 말인가?

그건 글 쓰는 사람의 선택에 맡겨진다.

"나, 간다."

"나는 간다."

똑 같은 말, 똑 같은 뜻이다. 그런데 뭔가 다르지 않나. "나, 간다."홀가분하고 단순해 보이는 반면, "나는 간다."주격보조사 '~는'이 붙음으로써 뭔가 미련을 남기고 가는 듯한 뉘앙스를 느끼게 되지는 않은지.

거듭 말하지만 글이란 뜻만 통하도록 쓰면 되는 게 아니다.

대화에선 비언어적 소통 도구, 즉 손짓·발짓·몸짓·얼굴표정 등을 활용해 말은 어눌해도 의사는 확실하게 전달할 수 있다.

그러나 글은 비언어적 소통 도구 없이, 말 그대로 문장을 통해 감정과 느낌과 주장까지 전달해야 한다. 조사가 있고 없음에서 오는 미묘한 어감의 차이를 포착해 이를 자신의 글쓰기에 활용할 수 있어야 한다.

글쓰기의 인프라란 결국 글에 대한 감각을 여는 것이다. 다른 글들을 읽으면서 조사의 뉘앙스에 대해 느껴보는 훈련을 해보자. 언어에 대한 감각을 갖게 되는 것. 이는 어디 한 곳에서만 물미가 트이면 자연히 글에 대한 다른 감각들도 툭툭 터질 것이다. 조사는 그런 훈련을 하기에 아주 좋은 품사다.

3) 띄어쓰기

내가 한글을 쓰기 시작한 지 50년이 넘었지만 여전히 가장 어려운 게 띄어쓰기와 맞춤법이다. 띄어쓰기는 문법적으로 단순명료하게 설명되어 있다. 9품사 중 조사를 제외하고 모두 띄어 쓴다.

그런데 이 말이 현실에선 결코 단순하지 않다. 여기서만 봐도 '띄어쓰기'는 붙여 쓰는데 '띄어 쓰다'는 띄어 써야 한다. 너도나도 헷갈리는 띄어쓰기도 수두룩하다.

여담을 하나 하자면, '신문사 띄어쓰기'라는 게 있다. 나는 국한문혼용 세로쓰기 신문 시절부터 기자를 했는데, 당시엔 지면도 적었고 납 활자를 뽑아서 신문을 인쇄했다. 그렇다보니 경제적 글쓰기가 강조됐고, 가장 먼저 희생된 게 띄어쓰기였다. 웬만하면 붙여 쓰는 게 권장됐다. 정직하게 띄어쓰기를 했다가는 데스크의 화를 돋울 위험이 있었다.

요즘도 신문사마다 띄어쓰기 원칙이 따로 있다. 예를 들어 돈을 세는 단위, 원·달러·위안·엔 등은 원래 모두 띄어쓰기를 해야 한다. 그런데 내가 일하는 신문사에선 원은 붙여 쓰고, 외국 단위는 띄어 쓴다. 600원, 600 달러. 지면의 한계 때문이다. 원을 달러나 엔보다 더 많이 쓰므로 한 칸이라도 줄이기 위해서다.

이런 경험적 유산 때문인지 나는 요즘도 새로 나오는 용어들은 웬만하면 붙여 쓰려고 시도하곤 한다. '신종 코로나 바이러스'를 '신종코로나바이러스'로 묶어서 이 자체가 한 단어인 것처럼 말이다. 띄어쓰기는 실제로 100% 지키기는 어렵다. 띄어쓰기를 좀 파괴해도 세상이 무너지는 건 아니라는 게 내 생각이다.

하나 띄어쓰기의 파괴에도 지켜야할 선이라는 게 있다. '커녕'에서 보았듯이 조사를 의존명사처럼 띄어 쓴다든지 어미를 띄어 쓰는 등 명백하게 잘못된 띄어쓰기는 글의 신뢰를 확 떨어뜨린다.

우리말에서 띄어쓰기 헷갈림의 원천 중 가장 큰 줄기는 '의존명사'일 거다. 의존명사 단어들 중 조사·어미·접사와 겹치는 경우가 많다. 합성어도 그렇다. 관형사는 원래 띄어 써야 하는데 명사와 합쳐져 아예 한 단어로 굳어버린 것도 많다.

어학자도 아니고 생업으로 글 쓰는 사람이, 이 골치 아픈 상황을 문법적으로 일일이 따지기는 힘들다. 따라서 자주 쓰이는데 늘 고민스러운 띄어쓰기는 기억해두는 게 좋다. 품사와 원칙을 다 따지다가는 진짜 글쓰기에는 들어가 보지도 못 한다. 중요한 몇 가지는 그냥 입에 붙도록 용례로 외워두는 게 직관적으로 사용하기에 좋다. 헷갈리는 건 늘 사전을 찾아가며 쓰면 된다.

의존명사인가, 어미 또는 조사인가

● 그가 간 지/인지 아닌지

띄어쓰기 오류가 유난히 많은 단어 중 하나가 '지'다. 심지어 인터넷 뉴스 제목에도 어미로 붙여 써야하는 '~지'를 의존명사처럼 띄어 쓰는 경우도 흔하다.

→ 시간의 경과를 나타낼 때는 의존명사. 간 지, 온 지, 뵌 지, 만난 지…

➜ 시간과 관계없는 '지'는 어미로 어간에 붙여 쓴다고 보면 쉽다. 어디서 온지 모른다. 기쁜지, 먹을지…

● 했는데/ 간 데, 온 데
'데' 역시 '지'와 쌍벽을 이룰 정도로 어미와 의존명사의 헷갈림이 많은 단어다.
➜'데'를 곳, 일, 것, 경우로 바꿔 쓸 수 있으면 의존명사다. 띄어 써야 한다는 말이다.

● 나뿐/할 뿐, 나만큼/할 만큼
➜ 뿐, 만큼은 체언과 연결되면 조사, 동사나 형용사와 연결될 때는 의존명사다.
➜ 단, ~ㄹ뿐더러는 붙여 쓴다. 할뿐더러, 없을뿐더러
'~ㄹ뿐더러'와 유사한 어미들
~ㄹ망정(할망정), ~ㄹ걸(고백할걸), ~ㄹ쏘냐(할쏘냐),
~ㄹ세라(할세라),
~ㄹ지언정(할지언정), ~ㄹ수록(할수록)

● 서로 간 , 서울 대구 간/열흘간 한 달간
➜ 사이(間)라는 뜻으로 활용될 때는 의존명사. 시간의 흐름을 나타낼 때의 간은 어미.

단) 부부간, 형제간, 자매간, 부자간 등 가족 간의 관계를 나타내는 말은 한 단어로 묶여 있어 띄어쓰기 예외다.

● 할 텐데

→ '터인데 '의 준말. 예정 · 추측 · 의지 등을 표현하는 '터이다'를 요즘은 '테다'형으로 흔히 쓴다. 그런데 '텐데'는 왠지 모르겠지만 '할텐데'라고 붙여 써야 할 것처럼 보이는 경향이 있다. 조사나 어미로 혼동하기 쉬운 형태라 그런가?

골치 아픈 '접사'들

단어에 붙어서 기생하며 살아남는 것들이 있다. 단어의 앞, 즉 머리(頭)에 붙으면 접두사라 하고 단어의 뒤, 즉 꼬리(尾)에 붙으면 접미사라고 한다.

● 접사로 활약하는 한자들

한자를 붙여서 뜻을 보강하는 접사는 많기도 하고 일상적이다.
'고퀄' '맘충' 등 요즘 유행어도 한자 접사를 빌어 조어한 경우는 많다.
비교적 쉽다. 단어의 앞, 뒤에 붙여서 써주면 된다.
범(凡)시민, 대(對)국민, 반(反)사회적/ 대전발(發), 시간당(當), 네 시경(頃)

→ 단 총(總)은 기억해 두자. 보통 명사들 앞에 접두어로도 활용(총인원, 총예산)되지만, 숫자와 연결할 때는 띄어 쓴다. (총 여섯, 총 5000만 인구)

● '하다/되다' 동사이기도, 접사이기도

반백년 동안 글을 써왔는데도 종종 띄어 써야 할지, 붙여 써야 할지 헷갈리는 대표적인 동사가 바로 '하다'와 '되다'이다. 어떨 때는 동사, 어떨 때는 접미사로 활용되어서다.

접미사 '하다/되다'는 동작이나 상태를 이르는 명사 뒤에 붙이면 용언(동사, 형용사)이 되는 만능이기도 하다. (행복하다. 사랑하다…)

그런데 문법적 설명에 따르면 사전에 올라있는 경우가 아니면 동작 · 상태성 있는 명사와 붙여서 용언으로 쓸 수 없단다.

→ 요즘 새로운 용어와 결합한 단어들 중 업그레이드하다, 업데이트하다, 다운로드하다는 모두 사전에 올랐다. 그런데 '카톡하다'는 사전에 없으니 '카톡 하다'로 쓰는 게 문법적으로는 맞을 거다. 그런데 나 같으면 이런 경우 띄어쓰기의 파괴를 선택해 '카톡하다'로 쓴다. 언어는 변한다. 그 변화는 언어를 사용하는 사람들이 이끌어가는 것이다.

울고 싶게 만드는 합성어들

답부터 말하자면, 합성어는 대책이 없다. 사전에 의존하는 방법밖에는.

- ● 대명사 이/그/저
- → 이 사람/그 사람/ 저 사람
- → 이분/그분/저분, 이날/그날

● 듯/듯하다

'듯'은 의존명사, '듯하다'는 형용사다.

그런데 '듯'이 들어가는 말의 띄어쓰기가 묘하게 헷갈린다.

→ '좋을 듯하다' '좋을 듯싶다' '좋을 듯 보인다' 여기까지는 쉽다.

→ 할듯하다? 할 듯하다?

'할듯할듯하다'라는 합성어(할까 말까 망설인다는 뜻) 때문에 헷갈리다. 이를 제외하곤 띄어쓰기가 일반적이다. 한 가지 더. '할듯할듯하다'를 '할듯말듯하다'로 잘못 쓰는 경우도 많다. 그런데 내 경우 '할듯말듯하다'가 더 의미가 분명해 보인다. 조만간 사전에서도 바뀔지 모른다.

→ 관형어 뒤에는 띄어쓰기. 그런데 '그럴듯한'은 또 한 단어다.

● 만하다/ ~만 하다

→ 알 만하다. 먹을 만하다 (앞에 관형어가 올 때는 보조용언으로 앞 말과 띄어쓰기)

→집채만 한 파도(앞에 체언이 오면 만은 보조사, 하다는 동사로 '~만 하다'로 써야)

＊'만하다'에서 골칫거리는 '볼만하다/볼 만하다'이다

'볼만한 책' '경치가 볼만하다'처럼 재미있는, 가치가 있는 등의 뜻으로 쓰일 때는 붙여 쓰기.

그런데 비슷한 의미로 쓸 수 있는 '해 볼 만하다'는 국어사전 상 띄어쓰기를 권하고, '훈글'은 잘못된 띄어쓰기로 빨간 줄을 친다.

사족 한 마디 하자면 표준국어대사전 예문 중 '곡예비행이 볼 만하다.'라는 예문이 나온다.
도대체 어쩌란 말인가. 그래서 띄어쓰기에선 나의 결심과 판단이 필요한 순간을 자주 마주치게 된다.

4) 맞춤법과 오탈자

맞춤법이나 오탈자는 띄어쓰기보다 더 엄격하다. 맞춤법이 틀리거나 오탈자가 나오면 글이 신뢰를 받지 못하고, 지적 수준을 의심받는다. 나도 내 기사나 칼럼, 책에서 맞춤법이 틀린 채 나간 경우가 있는데, 그 매 순간이 지금도 기억에 남아 있을 정도로 본인도 상처를 받는다. 물론 아무리 조심해도 오탈자는 나온다. 그러니 그만큼 정신 차리고 조심 또 조심해야 하는 게 맞춤법이다.

그런데 언어가 바뀌면서 사전에는 없는 용어가 등장하고, 일상적으로 사람들이 쓰는 말이 어법에는 맞지 않는 경우도 많다.

예를 들어 내 소설 등단작인 '흘러간 지주'에서 나는 '먹거리'라는 단어를 썼다. '먹을거리' '음식'이 맞는 단어이지만 어감 상 '먹거리'가 더 어울려 이 단어를 채택했다. 이 단어는 등단 당시에도 모르는 사람이 없을 정도로 항간에 통용되고 있었지만 표준어로 인정받지 못하고 있을 때여서 사전에 없고, 어법에 맞지 않았다. 편집자가 딱 한 군데를 고쳤는데 이 단어를 '먹걸리'(막걸리의 방언)로 바꾼 것이다. 내가 맞춤법을 틀렸다고 생각한 것 같다. 이렇게 신조어를 쓰는 건 걸림돌이 많다.

이런 경우 우리는 맞춤법을 곧이곧대로 지켜야 하는가?

소프트웨어도 가끔씩 헷갈리는 맞춤법

단어는 달라진다. 어감의 변화나 시대의 변화, 대중들이 표준어를 잘못 써서 습관이 된 단어 등 단어가 달라지는 이유는 많다. 이 때문에 거의 매년 표준어 맞춤법 규정도 바뀌거나 새로운 단어들이 추가된다.

 그런데 소프트웨어가 미처 반영하지 못해서 옛 표준어로 단어를 바꿔버리는 경우도 생긴다. 아래 예시는 2011년 이후 추가된 표준어들이다. ()는 기존의 표준어 맞춤법. 맞춤법도 '가다보면 길이 된다.'

    걸리적거리다(거치적거리다)
    먹거리(먹을거리)
    가셨길래(가셨기에)
    굽신거리다(굽실거리다)
    꼬시다(꼬이다. 꾀다)
    딴지(딴죽)
    섬(섬뜩)
    속앓이(속병)
    이쁘다(예쁘다)
    메꾸다(메우다)
    놀잇감(장난감)
    손주(손자)
    끄적거리다(끼적거리다)
    두리뭉실하다 (두루뭉술하다)

새초롬하다 (새치름하다)
찌뿌둥하다 (찌뿌듯하다)
추근거리다 (치근거리다)
복숭아뼈 (복사뼈)
짜장면 (자장면)
허접하다(허접스럽다)
눈두덩이(눈두덩)
삐지다(삐치다)
개기다(개개다)

들을 때마다 어색한, 잘못 쓰고 있는 단어들

한자어나 옛 고사에서 유래한 어휘들 중 시중에서 잘못 쓰이는 사례들이 있다. 하도 잘못 아는 사람들이 많아서 그러려니 해보고 싶어도, 어처구니없이 잘못 쓰는 사람을 보면 그 사람을 다시 보게 된다. 웬만하면 원 뜻을 알고 적절히 사용하면 좋을 것 같은 말들을 정리해봤다.

● 유명세.

한자로는 有名稅다. 유명해서 치르는 세금이라는 뜻이다. 세금은 긍정적 의미로 쓰이는 법이 없다. 곤혹스러운 일이라든지 강제적으로 당하는 일 같은 뉘앙스로 써야 한다. '유명세를 치른다.'고 해야 하는데, '유명세를 타고~' '유명세에 기대~' 등 세(稅)가 아닌 세(勢)로 착각한 것으로 보이는 용례로 사용하는 경우가 흔하다.

지명도, 명성 등으로 써야할 말을 유명세로 한꺼번에 묶어버린다는 것이다.

● 구설과 구설수.
'구설(口舌)에 오르다'는 말 그대로 시비하는 말, 남의 입방아에 오른다는 말이 맞다. 한데 구설수(口舌數)는 '구설수가 있다' '구설수가 끼다' 등으로 쓰이는 게 맞다. '數'가 든 말은 대개 운수, 운세가 그렇다는 뜻으로 쓰인다. '數'라는 한자의 용례를 아는 사람이 들으면 굉장히 이상하게 들린다. 한데 요즘은 하도 '구설수에 오르다'는 말을 많이 쓰다 보니 그대로 굳어지는 것으로 보이긴 한다.

● 옥에 티.
'옥의 티'라고 많이 쓰는데 '옥에 티'가 맞다. 이건 굳이 몰라도 '옥의 티'라는 말자체가 이상해 보이지 않나? 티가 옥에 묻어 있는 것을 가리키는 말이다. '그림의 떡'처럼 떡이 그림의 한 요소일 경우 '~의'를 쓴다.

● 장본인.
장본(張本)은 어떤 일이 크게 벌어지게 된 근원을 말한다. 장본인은 바로 그런 일을 꾀하여 문제를 일으킨 인물을 말한다. '사달을 일으킨 장본인' '불행을 몰고 온 장본인'. 부정적 뉘앙스로 쓰이는 말이다. '미담의 장본인'이라는 말은 아주 잘못된 말이다. '미담의 주인공'이 무난하다.

● 고사성어

고사성어는 촌철살인의 용법으로 흔히 사용되지만, 잘못 쓰는 경우도 많다. 따라서 고사성어를 쓰고 싶으면 반드시 사전을 찾아보고 정확하게 써야 한다. 최근 인터넷을 보다가 발견한 몇 개 사례 중 생각해보고 싶은 내용이 있어 제시해본다.

주야장천(晝夜長川)
주야장창, 주야창창 등으로 잘못 쓴 사례가 더러 보인다. 이건 말할 것도 없이 잘못 쓴 표현이다. 하지만 다른 말로 '주구장창'이 있다. 이 말도 주야장천이 잘못 쓰인 말로 시작되었지만 현재는 주야장천보다 더 많이 쓰이고, 장창이라는 말이 '언제나'라는 뜻이 있는 말인 데다 말로 할때 훨씬 매끄럽고 부드럽게 들린다. 이러한 감각적인 느낌 역시 리듬의 요소다. 이 때문에 실제로 주구장창이 주야장천보다 더 많이 쓰인다. 실제로 나도 구어에서는 주야장천보다 주구장창을 더 많이 쓰고, 글을 쓸 때에도 가끔 사용한다. 일부 사전에선 이를 우리 단어로 인정한다. 쓰다보면 말이 된다.

옥석구분(玉石俱焚)
이런 한자성어는 고민거리를 던진다. 원래는 옥과 돌이 함께 탄다는 말로 좋은 사람 나쁜 사람 할 것 없이 함께 재앙을 당하는 모습을 말한다. '옥석구분 못하고~'라는 표현은 맞지 않다. 이런 표현은 한꺼번에 불에 탄다는 '구분'(俱焚)이 아니라 가르고 분별하는 '구분'(區分)으로 이해하고 쓴 것이다. '옥석구분이 안 되도록' '옥석구분을 피해야'라는 표현이 무난하다. 그렇다면 '옥석을 구분하지 않고'라는 말은 틀린 표현일까. 말이란 원래 패러디도 할 수 있고, 의미를 확장할 수도 있다. 옥석은 중국에만 있는 게 아니라 우리나라에도 있다. 또 우리 언어에선 구분을 분별한다는 '구분'(區分)으로 주로 사용한다는 점에서 굳이 이 고사성어에서 유래한 말이 아니더라도 '옥석도 구분하지 못하고' '옥석을 가리지 않고'라고 말할 수 있다. 나는 이런 표현까지 틀렸다고 생각하지 않는다. 다만 '옥석구분'이라는 사자성어로 쓸 때는 원 뜻대로 써야 한다.

타산지석(他山之石)

다른 산의 나쁜 돌이라도 내 구슬을 가는 데 쓸모가 있다는 말이다. 남의 잘못된 점에서 나의 지혜와 덕을 연마하는 단서를 찾을 수 있다는 의미로 써야 한다. 다른 대상의 좋은 점이나 모범사례를 본받자는 의미로 쓰는 건 잘못이라는 점만 알아두자.

일사불란(一絲不亂)

'일사분란'이라고 잘못 쓰인 경우가 있다.

환골탈태(換骨奪胎)

환골탈퇴가 아니다. 생각보다 글자를 틀리는 사례가 많다.

요즘은 한문 공부를 별로 하지 않기 때문에 한자에 대한 감수성이 좀 떨어진 게 사실이다. 한자어, 고사성어는 반드시 사전을 찾아 뜻을 확인하고 써야 한다.

사전과 친해져야 한다

맞춤법은 고등학교를 졸업할 무렵 가장 잘 알고, 대학 졸업 무렵이 되면 자신의 맞춤법 지식이 흔들리는 경험을 하게 된다. 그 사이 맞춤법과 띄어쓰기 규칙도 많이 바뀌어서다.

그러니 여기서 지금 내 맞춤법 지식을 늘어놓는다 해도, 맞지도 않거니와 부질없는 짓이다.

맞춤법 문제는 사전과 친해지는 방법밖에 없다.

요즘은 인터넷 사전을 활용하지만, 예전에 나는 『동아 새국어사전』을 썼다. 판이 새로 나올 때마다 새 것으로 샀는데 지금 내게 있는 것이 제5판이다. 사전은 최신판이 나오면 늘 바꿔야 하니, 5판만 남은 걸로 봐선 그 이후 나도 사전을 사지 않은 것 같다.

기자들은 회사가 아니라 주로 출입처에서 기사를 쓴다. 나도 사회부에서 서울시청, 법조 등 단일 출입처에 나갔을 때는 사전을 기자실에 두고 썼지만, 경제부로 옮긴 뒤에는 다양한 출입처를 옮겨 다니며 취재를 하게 되었다. 그래서 거의 회사로 달려 들어와 기사를 쓰곤 했다. 사전 때문이었다. 휴대용 작은 사전도 있었고, 기사 쓸 때는 그 정도면 되는데도 습관이 무서워서 두꺼운 사전이 옆에 없으면 안심이 안 됐다.

사전 없이 글을 쓴다는 건 상상할 수 없다. 짧은 기사 하나를 쓸 때에도 사전은 몇 번씩 들춰봐야 한다. 평생을 글을 써서 먹고사는 사람도 매번 사전을 찾아가며 글을 쓴다. 사전 찾기는 글쓰기에 포함된 과정이다.

사전 얘기가 나온 김에 사족 하나 붙이자면, 글쓰기의 인프라 중 어휘력과 용어 및 단어의 감수성은 아주 중요한 부분이다. 이 인프라를 늘리는 좋은 방법이 글을 쓰면서 사전을 찾는 것은 물론이고, 평소 사전을 갖고 노는 것이다. 가끔 심심할 때 한 번씩 사전을 들춰보면 거기에 재미있는 단어들과 몰랐던 용례들을 항상 발견할 수 있어 어휘력을 확확 늘려준다.

이 책을 준비하면서 오랜만에 나의 옛날 글들을 찾아보다 깜짝 놀랐다. 예전 글의 어휘가 훨씬 풍부해서였다. 그 사이 무슨 일이 있었기에 어휘력도 표현력도 이렇게 오그라들었을까. 내가 도달한 결론은 사전이었다. 최근 인터넷 사전에 익숙해지면서 '사전 갖고 놀기'를 하지 않았다. 인터넷 사전은 자신이 아는 단어를 검색해서 보는 데 주로 쓰기 때문에 자신의 어휘력 안에서만 활용할 수 있다. 사전 갖고 놀기를 잊은 동안 어휘력이 확 줄어든 모양이다.

2 필자불기(筆者不器)

'군자불기'(君子不器)

　공자님의 말씀이다. 군자는 기존의 그릇에 자기 몸을 맞추는 것이 아니라 전통과 격식을 깨는 사람, 변화시키는 사람, 혁신하는 사람이라는 뜻이다.

　'필자불기'(筆者不器)는 이를 빗대어 내가 만든 말이다. 글은 남들 보라고 쓰는 것이지만, 그것은 '나의 것'이다. 나의 혁신으로 새로운 글이 탄생한다.

　한글이라는 거대한 울타리와 그 안에 놓인 대로(大路)의 동서남북을 구별할 수 있으면, 샛길을 내든지 도로 양편에 집을 짓든, 마구간을 짓든, 개집을 짓든, 오두막을 짓든, 성을 짓든 그건 글 쓰는 사람이 할 몫이다.

　글쓰기는 문화행위라는 점에서 한글의 문법, 규칙, 맞춤법, 리듬, 호흡 등 기본 인프라도 모르고 동충서돌(東衝西突)하는 것은 야만적이거나 무식한 일이라는 것만 이해하면 된다. 알지만 의식적으로 파괴하고 변화시키는 것이 혁신이며, 자존심 있는 작가들이 해야 할 일이다. 물론 문화행위로서의 글쓰기, 즉 품격 있는 글쓰기에 대한 의무감은 가졌으면 하는 게 내 생각이다. 이 얘기는 뒤에 계속 하기로 하고, 여기선 나의 '불기'(不器)로서의 글쓰기를 얘기하고 싶다. 내 방식을 권장하는 건 아니고, 글을 쓰는 사람들은 남에게 휘둘리지 않는 자신만의 원칙들을 만들어 나갈 수 있다는 사례를 보여주고자 하는 것이다.

필자는 vs 나는

나는 10년 넘게 칼럼을 쓰면서, '나는~'이 들어가는 문장을 쓴다. 물론 기사에는 쓰지 않는다. 나의 시각을 보여주고, 나의 얘기를 해야 하는 칼럼이기에 주어로서 '나는'을 쓰는 것이다. 하나 매일 수없이 쏟아지는 다른 필자들의 칼럼 중에 '나는~'을 쓰는 경우는 여전히 드물다. 대개는 주어 없이 쓰거나 '필자는~'처럼 자신을 3인칭으로 지칭하는 경우가 주류다.

대학에서 리포트를 낼 때 훈련받기로도 '나는~'을 쓰지 말라고 했고, 동양의 글쓰기에서도 '나'를 내세우는 것을 어색해 하는 경향을 발견할 수 있다. 자기 주장 강하기로는 둘째가라면 서러워할 한비자(韓非子)조차도 자기 논리와 주장을 펴면서 혹왈(或曰), 즉 누군가 말하기를 이라는 식으로 표현했을 정도다.

나 역시도 '나는'을 쓸 때까지 여러 과정을 거쳤다. 처음엔 '필자는'이라는 무난한 표현을 쓰기도 했지만, 이 표현방식은 마음에 들지 않았다. 나는 '문어'를 쓰더라도 이를 읽거나 그대로 말로 해도 자연스럽게 들리도록 쓰는 걸 좋아하는 터라 '필자는'이라는 대학 리포트식 용어를 쓰기 싫었던 거다. 그래서 한동안 주어를 생략하는 문장으로 가기도 했다.

그러다 어느 날, "'나는'으로 쓰자."고 결심했다. 글쓰기를 하면서 관행에서 벗어나는 건 고민과 결심이 필요한 일이다. 지적하는 사람이 없었느냐고? 당연히 있었다. 다만 내가 고민하고 결심했던 일이었기에 그런 말에 영향을 받지 않았을 뿐이다. 자신을 3인칭으로 쓰는 것은 '식자(識者)들의 트릭'일 뿐 한글의 거대한 글쓰기를 해치는 행위가 아닌데 내가 왜 굳이 따라야 한다는 말인가.

기존의 글쓰기 고정관념·관행 또는 규율 등이 마음에 들지 않으면 나름의 논리를 세우고 파괴하면 된다.

압존법의 압박감

'할아버지, 아버지 들어왔어요.'

아들이 할아버지께 아버지의 근황을 얘기할 때는 이처럼 아버지를 존대하지 않는 게 문법적으로 맞다. '할아버지, 아버지 들어오셨어요.'가 아니라는 말이다. 이를 문법적으로 '압존법'이라고 한다.

나에겐 공대를 해야 할 대상이지만 그 대상이 듣는 이보다 낮을 때에는 듣는 이의 입장에서 존대를 줄여야한다는 원칙이다. 압존법은 글을 쓸 때보다 일상에서 많은 고민거리를 던진다. 압존법을 아는 사람이면 별 문제가 없겠지만, 잘 모르는 사람에게 이런 식으로 말했다가는 오해받기 십상이고, 이보다 더 큰 문제는 말하는 화자인 내 마음이 불편하다는 점이다.

결론적으로 나는 이 원칙을 따르지 않는다. 상대의 입장에서 먼저 생각하는 것은 아름다운 일이지만, 압존법은 좀 지나치다고 생각해서다. 어차피 말은 내가 하는 것이고, 나를 중심으로 생각하는 게 세상살이를 덜 꼬이게 한다고 본다. 나와의 관계를 중심으로 높일 사람은 높이고, 낮출 사람은 낮춘다.

대중적 표현, 문법적 표현

글을 쓰는 것은 동시대인과 소통하기 위한 것이다. 조상들과 이야기를 나누려는 것이 아니다. 해묵은 단어와 소통 방법에 짓눌려 있을 이유가 없다. 오랫동안 잘못됐다고 여겨져 온 단어나 구문, 표현법도 그 시대 사람들 사이에 널리 퍼져 일상적으로 활용되다 보면, 결국 표준어로 인정받게 되는 예가 숱하다. 똑같은 단어라도 시대가 변하면 어감이 변하는 경우도 많아 표준어인 옛 단어를 쓰면 오히려 제대로 의사전달을 하지 못하는 경우도 많다. 예를 들어본다.

● '잔뼈가 굵은'이라는 말은 단어의 본래 뜻으로만 보면 말이 안 된다. 굵다는 것은 그 자체로 물체의 지름이 길다거나 부피가 큰 경우를 말한다. 잔뼈는 말 그대로 잔뼈다. 굵으면 잔뼈가 아니다. 그런데 우리가 이 말을 쓸 때는 세월을 거치고 경험을 쌓으면서 축적된 저력 같은 것을 표현하고 싶은 거다. '잔뼈가 굵어진'이라고 말해야 맞다. 그럼에도 우리는 일상적으로 '잔뼈가 굵은'이라고 쓴다. 나 혼자 중뿔나게 '잔뼈가 굵어진'이라고 쓰면 오히려 소통이 안 된다. 이런 경우 '잔뼈가 굵은'이라고 쓰는 게 자연스럽다.

● 잊혀진 기억, 잊힌 기억.
'잊혀지다'의 표준어는 '잊히다'이다. 한동안 나를 고민하게 했던 '간지럽히다'(표준어 간질이다)가 2011년 표준어로 인정된 만큼 이것도 쓰다 보면 표준어로 인정받을 날이 올 거다. 그냥 쓰는 쪽으로 결정했다. '잊혀진 기억'과 '잊힌 기억'은 어감이 완전히 다르다. 어감에 따라 골라 쓴다.

● 알맞는/걸맞는.
'알맞은'과 '걸맞은'으로 써야 한다. 대중적으로는 '~는'을 더 많이 활용하는데 말이다. 이 경우 나는 '~은'으로 쓴다. 어감에 큰 차이가 없는 편인 데다 '~는'을 쓰고 싶어도 자동교열시스템이 바꿔버려서다.

대중적 표현 쓰기

"외래어를 쓰지 말고, 고유한 한국말을 찾아 쓰자."

　우리말을 사랑하는 분들이 재삼재사 강조하는 말이다. 사전을 들추다 보면 우리가 모르는 우리말인데 너무 아름다운 말들이 많다. 이런 단어를 조탁해서 아름답고 정교하게 쓰는 작가들도 있다. 그런 작품들을 보면 감탄이 절로 나온다. 우리말의 아름다움은 끝이 없다.

　그러나 이 문제는 글 쓰는 이의 철학과 글의 용도에 따라 작가 스스로 선택할 문제이다.

　나의 선택은 '개의치 않고 쓴다.'는 것이다. 나의 글쓰기는 '소통'과 '동시대성'에 주안점을 둔다. 그런 점에서 나는 대중적 표현법을 따른다. 외래어도 섞어 쓰고, 동시대적 표현과 유머도 빌려온다. 말이란 시대를 반영하는 것이며, 우리 시대는 글로벌 시대다. 외래어의 영향을 받지 않을 수 없고, 때로는 외래어가 우리말보다 훨씬 더 큰 임팩트를 줄 수 있다.

　외래어와 유행어 같은 대중적 표현을 쓰면서도 경박하지 않게 자신의 의사를 표현할 수 있다. 다음은 내가 칼럼에 쓴 대중적 표현들의 사례다. 내가 쓴 글에서 사례를 찾다보니 주로 가벼운 일상적 칼럼의 장르인 [분수대]에 집중돼 있었다.

　단어는 글의 장르에 따라 그 경중을 선택하게 된다. 내용과 메시지가 무거운 칼럼이라 하더라도 정색을 하고 써야 하는 칼럼 장르엔 진중하고 무거운, 그에 걸맞은 단어를 선택해야 한다. 하지만 일상적으로 터치하듯 써야 하는 박스형 칼럼에는 또 그에 걸맞은 좀 더 가볍고 산뜻한 단어를 골라야 한다. 같은 내용이라도 단어 선택을 달리해야 한다는 말이다. 물론 인용과 사례 선정도 장르에 맞추는 테크닉은 필수다.

> '탁상공론(卓上空論)' 고사의 주인공 조괄은 명장 조사의 아들이다. 병법에 해박해 백전노장 아버지도 말로는 못 당했을 만큼 '공부 잘하고 똑똑한' 인물이었다. 장평에서 염파에게 고전하던 진나라는 이 똘똘한 '<u>탁상공론 대마왕</u>'을 주목했다. (중략) 원래 해박하고 입으로 똑똑한 자들이 전쟁을 망친 사례는 많다. 위촉오 삼국시대 제갈량의 1차 북벌을 망친 것도 병법에 해박하고 수재로 이름 날리던 '<u>제갈량 키드</u>' 마속이었다.
>
> ([[분수대] 군사·체력 중심 육사 성적 평가 … 우리 굳센 여생도에게 불리하지 않다/2014·2·27)

> 한데 지난 회에 처음으로 참가자의 노래에 소름 돋는 감동을 느꼈다. 참가자 홍정희양이 최백호의 '낭만에 대하여'를 부를 때였다. 순간 '맞다. 우리한테 이런 노래가 있었다'는 생각이 퍼뜩 들었다. 감동이 컸던지라 그녀의 탈락 순간 당사자도 담담한데 나 혼자 눈물을 찍어내며 '<u>오버</u>'를 했다. 전문가인 심사위원 박진영은 "감동적이지 않다."는데, 내 '감동의 도가니'는 무엇이었는지. 내가 비전문적인 데다 취향이 <u>올드해서였을까</u>.
>
> ([[분수대]'문화수출'의 강박 때문에 우리 고유의 감성을 희생한 건 아닐까/2014·2·13)

> TV드라마는 한류 붐의 주역인 <u>꽃미남</u> 차지다. '남성이 저렇게 아름다운 생명체였나'라는 감탄이 절로 나올 정도로 꽃 같은 젊은 남자 배우들은

화수분처럼 끊임없이 솟아난다. (중략)
한데 최근엔 기존 꽃미남과는 아예 종(種)부터 달라 보이는 새로운 남성성이 영화 스크린을 누빈다. 30~40대 마초남들이다. 요즘 충무로의 트로이카는 김윤석·류승룡·하정우라고 할 정도다. 나이가 주는 원숙함, 풋내라고는 없는 여유 있고 프로페셔널한 연기력, 외모엔 무심한 듯 덥수룩하게 기른 수염까지. 이들은 딱 봐도 마초다. (중략)
그리고 '7번방의 선물'을 보러 영화관 가는 일을 '해브투두(have to do, 꼭 해야 할 일)' 목록에 올려놓았다. 매주 두 차례나 '분수대'를 써야 하는 이 바쁜 와중에….
현실로 돌아오니, '쩝~'. 마초 아저씨들은 많은데 매력과 감동이 없네. 남자들은 말한다. "요즘 여자들 무서워. 여자들 세상이야."그런데 보니 남자들 저력도 죽지 않았다. 비현실적으로 아름답게 타고난 외모가 없어도 배려할 줄 아는 태도와 유머까지 겸비한 우직한 매력으로 영화판 판도를 바꾸지 않았나. ([[분수대]마초 남성도 매력적일 수 있다는 새로운 발견/2013·2·20)

비단 시위현장만이 아니다. 온통 남자들로만 구성된 정치권의 여야 수뇌부가 '뻘짓'을 하면 여성 대변인들이 나와 '썰전'을 벌이는 모습은 이제 익숙하다.
한때 우린 진취적이고, 도전적이고, 용기 있고, 책임을 지는 행동양식을 두고 '사내답다'고 한 적이 있었다. 그래서 남자들은 사내답지 못한 걸 부끄러워하고, 사내다워지라고 서로 부추기곤 했다. 그러나 앞으론 사내다움의 뜻이 '여성을 앞세우고 뒤에 숨는 찌질함'으로 바뀌든지 아예 사어(死語)가 될지도 모를 일이다.

([분수대]이제 믿을 건 여성들의 분발밖에 없다는 말인가. 그 많던 남자들은 어디로 숨었을까 /2013·12·5)

성형을 반대하거나 비난하진 않는다. 다만 시험 공부하느라 자신의 외모와 개성에 대해 충분히 연구할 시간이 없었던 수험생들이 평생 가는 얼굴을 대목철에 패키지로 찍어내듯 '이 시대 유행을 창조하시는 의느님(의사+하느님)' 손에 맡겨 '의란성 쌍둥이' 대열에 가담하는 게 찜찜할 뿐이다. 수능 공부하듯 외모를 연구하고 자신이 원하는 미래에 대해 생각해보고 난 뒤 결정해도 늦지 않다는 말이다. 되돌릴 수 없는 일은 너무 서두르지 않는 게 현명하다. 나는 너무 소중하니까….

([분수대]수능 끝난 직후가 성형수술 적기라는데…/2013·11·11)

글쓰기의 지피**지기**

지피지기 백전불태
知彼知己 百戰不殆

우리는 앞에서 글쓰기 '지피의 기술'을 얘기했다. 지피. 즉 우리가 공략해야 하는 대상, 한글을 이해하는 과정이었다. 이를 인프라 시설인 도로를 설치하는 데 빗대 말하자면 도로를 닦기 전에 땅을 다지고 평평하게 고르는 작업이라 하겠다.

이제부터 얘기하게 될 '지기의 기술'은 나를 알아가는 과정이다. 다시 도로에 비유하자면, 단단해진 땅 위에 도로를 건설하는 방법이라고 하겠다. 이들 인프라는 다르다.

땅을 다지고 고르는 작업이 나중에 도로를 놨을 때 꺼지거나 소실되는 일이 없도록 하기 위한 것처럼 전편은 단단하게 다져두어야 할 토대이다. 글쓰기의 측면에서 보자면, 독자들과 소통을 하기 위한 기본 기술이라 하겠다. 이는 체화되도록 몸에 익히는 것이 중요하며, 그때그때 '지형지물'에 맞게 적용해 나가면 되는 일이다.

그러나 '지기의 기술'은 각자의 전략과 계획이 필요하다. 도로를 깔 때에는 먼저 부산으로 갈 것인지 인천으로 갈 것인지, 2차선인지 4차선인지, 가운데 분리 막을 둘 것인지 말 것인지 등 계획해야 할 것들이 많다. 내 글로 가는 길을 닦는 것은 보다 섬세하고, 노력이 필요한 작업이다.

문장력의 비밀

이제 본격적으로 자신만의 개성과 품격을 갖추게 될 인프라, 문장력을 구축하는 법에 대해 얘기할 때가 됐다. 물론 인프라를 다 구축했다고 나의 글이 완성되지는 않는다. 그저 나의 글에 수월하게 접근할 수 있는 기반 시설을 마련하는 작업이다.

'나의 글'이란 '나의 집을 짓는 것'과 같다. 문장력이라는 길게 깔려 있는 도로변 어디메쯤 좋은 지대에 공장을 짓든, 예쁜 집을 짓든, 정자를 짓든, 어쨌든 나의 집을 짓는 것이다. 인프라는 그 집에서 일어나는 일들을 위해 힘을 발휘한다. 도로를 통해 좋은 재료들을 날라 오고, 길게 난 길을 따라 다른 집들도 구경하며 좋은 점을 배워오면서 나의 집은 점점 더 알차고 좋아질 것이다. 훌륭한 집을 짓게 되면, 독자들도 도로 위를 달려와 내 집을 구경하러 들를 것이다.

이 장에 들어가기 전에 기억해두었으면 하는 게 있다.

① 글은 자유다.
문장은 이렇게 써야 한다느니 저렇게 써야 한다느니 하는 말에 휘둘리지 말자. 이렇게 쓰면 안 된다느니 저렇게 쓰면 안 된다느니 하는 말에도 휘둘리지 말자.

② "모방은 창조의 어머니다."
타인의 글을 열린 마음으로 흡수할 수 있어야 한다.

③ 원리주의, 근본주의에 빠지면 글이 망가진다.
옛 제나라 재상 관중의 경구를 기억하자.
"바다는 물을 가리지 않았기에 큰 바다가 될 수 있었고, 산은 흙과 돌을 가리지 않았기에 높은 산이 될 수 있었고, 큰 학자는 학문을 가리지 않았기에 성현이 될 수 있었다."

1 독서의 전략

독서는 생각의 크기 혹은 성찰하는 능력과 노력에 비례해 도움을 준다. 어떤 독서를 했느냐가 글의 품격과 개성을 드러내기도 한다. 품격 있는 글을 쓰기 위해서는 품격 있는 독서를 해야 한다.

하나 독서 자체는 목적이 아니다. 내가 가장 경계하는 말은 무턱대고 '책을 많이 읽으라.'는 어른들의 충고다. 독서는 양에 비례해 저절로 생각을 키워주지 않는다. 책의 질에 비례해 나를 성장시키는 것도 아니다.

나 스스로가 나의 성장에 독서를 어떻게 활용하느냐가 결정적이다. 독서의 힘은 전부 나의 성향과 감수성, 전략과 계획에 따라 커지기도 하고 작아지기도 한다. 때론 가치관을 뒤집어 새로운 세상을 찾아주기도 하고, 반대로 파괴적이 되기도 한다. 모든 것은 책이 아니라 '나'에게서 비롯된다.

문장력의 비밀을 논하면서 '독서'부터 얘기하는 데에는 이유가 있다. 앞에서도 얘기했지만 문장은 사람의 얼굴과 지문처럼 모두 다르고, 달라야 한다. 어떤 문장은 잘 생기고 매끄러울 수도 있고, 어떤 문장은 못 생기고 투박할 수도 있다. 문장은 스스로의 연습과 훈련을 통해 자신만의 개성과 습관이 생기고, 좋은 스승을 만나면 잘 다듬어질 수도 있다.

문제는 그 안에 담기는 내용과 표현들이다. 이건 겉으로는 보이지 않는 정신세계와 마음, 지성의 수준과 생각의 깊이, 취향과 호오를 드러낸다. 한 사람의 귀함과 천함은 겉모습이 아니라 그 내면의 모습이 어떠한가에 달려 있다. 문장은 첨삭의 과정을 거치면 좀 더 말끔하게 고쳐질 수 있지만, 그 안에 담긴 사람의 깊이와 품격은 아무도 첨삭해줄 수 없다. 온전히 자신의 몫이다.

그 내면의 인프라를 공고하게 다지는 기초적인 작업이 바로 독서다. 물론 내면의 인프라는 유전, 성격, 받아온 교육, 환경, 만남, 경험 등 다양한 것들로부터 영향을 받는다. 하나 내면의 복잡한 생각들을 질서정연하게 해주고, 새로운 통찰을 얻을 수 있는 수단으로는 독서만한 게 없다. 그래서 문장을 논하기 전에 우리는 먼저 독서에 대한 전략을 세워야 한다.

독서를 많이 할수록 좋다는 생각도 도그마다. 독이 되는 독서도 있다. 먼저 우리의 독서 상식부터 냉정하게 반성하고 구체적인 나의 독서 전략을 세우는 게 좋겠다.

소화불량 일으키는 '과잉 독서'

넓은 안목을 갖는 데 독서는 필수불가결의 요소다. 그러나 역은 성립하지 않을 수도 있다. 독서를 많이 했다고 저절로 넓은 안목이 생기는 건 아니라는 말이다.

독서의 양을 자랑하는 사람들 중 말이 안 통하는 사람, 자기 생각 없이 옛 지식에 몰입돼 남의 말만 일삼는 사람, 근거 없는 자부심이 높은 고집불통들이 의외로 많다.

책은 읽고 소화시켜야 그 영양분들이 안목을 넓히고, 내공을 키우는 기능을 할 수 있다. 그런데 소화시키는 게 아니라 날 것으로 쌓아두었다 그대로 토설하는 '체증을 유발하는 독서', 장식품처럼 목에 주렁주렁 걸고 싶어서 하는 '과시형 독서'는 독이 된다.

자기 생각 없이 남의 규범과 신념에 얽매여 그것이 자신의 신념인 양 '자발적 아바타'가 되는 위험은 가장 피해야 할 독서의 해악이다. 독서의 양과 지식을 사치품이나 자랑거리로 생각해 떠벌리는 건 겉으로는 화려해 보이나 그 얕음을 들키지 않을 수 없어 우스운 사람이 될 수도 있다.

생각해보라. 책이란 모두 '지난 얘기'다. 죽은 사람의 생각이거나 과거의 생각이다. 물론 그들의 생각에서 영감과 마음의 자양분이라는 에너지를 얻어야 생각과 성찰의 엔진을 돌릴 수 있다. 우리가 살아 있던 것들을 죽여서 음식으로 먹고 삶의 에너지를 얻듯이 말이다.

독서는 에너지일 뿐이다. 그 에너지를 현재 나의 버전과 미래의 발전 버전으로 전환하는 것은 내가 해야 하는 일이다. 과식이 비만과 소화불량 등 병을 일으키듯, 소화시키지 못하는 '과잉 독서'는 몸에 해롭다.

요약 지식의 함정

예전에 한 CEO 초청 연사의 강연을 들으면서 내 귀를 의심했던 적이 있다. 그의 강연 요지 중 하나는 "진취적 정신을 가져라."라는 것이었는데, 거기에서 든 사례가 황당했다.

'봉산개도 우수가교'(逢山開道 遇水架橋)

'산이 막아서면 길을 내고, 물이 가로막으면 다리를 놓는다.'는 말이다. 이는 중국에선 오래 된 병가(兵家)의 상식인데, 이 강연에선 『삼국지연의』에 등장한 대목, 즉 조조가 적벽대전에서 패하고 형주로 도망칠 때 했던 말을 인용했다.

그는 조조의 이 같은 진취적 사고방식과 행동이 그를 후한 말 혼란시대를 평정하고, 오와 촉 등 일부 지역을 제외한 중원을 통일하는 원동력이었다고 강변했다. 그렇다면 이 대목을 내 소설 『여류(余流) 삼국지』의 묘사로 한 번 보자.

조조는 뒤도 안 보고 내달린 지 한참이다. 추격병이 제법 멀찍이 떨어지자 말고삐를 늦추고 좌우를 돌아본다. 한눈에도 따르는 군사가 확 줄었고, 뒤따르는 장수와 군사들 상당수도 크게 부상을 입은 상태다. 조조는 비참한 패잔병 무리를 이끌고 계속 전진한다. 앞서가던 군사가 와서 고한다.
"두 갈래 길이옵니다. 어디로 가시렵니까?"
조조가 묻는다.
"어느 길이 더 가까우냐?"
"대로는 평탄하여 가기는 쉬우나 50여 리를 돌아야 하고, 좁은 산길을 취해 화용도로 접어들면 50리는 줄지만, 길이 좁고 험한데다 구덩이가 많아서 행군하기 어렵습니다."
조조는 좌우에 명한다.
"빠른 병사 하나를 보내 산에 올라가 지세를 살피고 오게 하라."
얼마 후 병사가 돌아와서 고한다.
"좁은 산길 주변에선 곳곳에 연기가 오릅니다. 대로에는 별다른 움직임이 없습니다."
조조는 즉시 전군에 영을 내린다.
"산길로 해서 화용도로 향하라."
수하 장수들이 묻는다.

"연기가 오르는 것으로 보아 매복이 있을 것입니다. 한데 어찌하여 그 길로 가려 하십니까?"

조조가 웃으며 대답한다.

"병서에도 있지 않느냐? 겉보기에 허한 곳이 오히려 실하고, 실해 보이는 것이 오히려 허하다 했다. 제갈량 같은 술수가 강한 위인의 용병은 뻔하다. 일부러 좁은 산길에 연기를 피워 올려 매복으로 위장하여 우리를 대로로 유인하려는 전략이다. 매복은 기필코 대로에 있을 것이다. 내가 그 꾀에 속아 넘어갈 것 같으냐?"

그 말에 장수들은 탄복하며 말한다.

"승상의 헤아림을 감히 누가 따르리까."

마침내 조조는 군사를 몰고 관우가 기다리고 있는 화용도 쪽 산길로 들어선다.

산길은 과연 좁고 험하여 행군하기가 어렵다. 군사들은 장비의 군사에 쫓겨 오느라 옷도 제대로 입지 못한 채 모두 헐벗고 굶주리고 피곤하다. 말도 지쳐 걸음 내딛기가 어렵다. 게다가 태반은 부상자이니 행군 속도는 느리기만 하다. 고생이 막심한 탈출길이다. 그런데 갑자기 앞서가던 군사들이 전진하지 못한 채 멈추어 선다. 조조가 소리쳐 묻는다.

"왜 전진하지 않느냐?"

한 군사가 앞으로 달려가 상황을 살피고 돌아와 조조에게 고한다.

"앞쪽 비탈길이 새벽에 내린 비로 진흙구덩이로 변했습니다. 앞으로 나가려 하나 말굽이 푹푹 빠져 꼼짝도 못하고 있습니다."

조조가 버럭 화를 내며 호통친다.

"본래 군사란 산을 만나면 길을 내고, 물을 만나면 다리를 놓아 건너는 법인데 진흙구덩이 때문에 행군하지 못한다는 게 말이 되느냐."
조조는 즉시 전군에 추상같이 호령한다.
"늙고 약한 군사와 부상당한 군사들은 천천히 뒤를 따르고, 건장한 병사들은 모두 섶을 묶고 풀과 갈대, 나무를 베어 즉시 진흙구덩이를 메우도록 하라. 만일 지체하고 게으름을 피우는 자가 있다면 단칼에 목을 베리라."
이에 모든 군사들이 말에서 내려 길가에서 대나무를 베고, 나뭇가지를 꺾어다 흙구덩이를 메우기 시작한다. 조조는 혹시라도 추격병이 있을까 두려워, 장요와 허저, 서황에게 군사 1백여 명을 거느리고 뒤에 처져서 오라 이른다.
진흙구덩이를 메운 뒤, 조조는 일행을 재촉해 험한 벼랑길을 타고 행군을 계속한다. 군사들은 굶주리고 지쳐서 쓰러지는 자가 속출한다. 급하면 본성이 나온다고, 이들로 인해 지체되는 것을 용납하지 못하는 조조는 그 위를 그대로 짓밟고 가라고 호령한다. 이에 자기편에 밟혀 죽은 자들이 부지기수로 나온다. 좁은 산비탈 길에선 비명과 두려움에 울부짖는 소리가 끊이지 않는다. 조조가 벌컥 화를 내며 호령한다.
"죽고 사는 것은 모두 타고난 것이며 하늘의 뜻이거늘 어찌하여 곡소리가 이리 높으냐. 다시 우는 소리가 들리면 반드시 목을 베리라."
화용도로 가는 산길에서 조조는 또 많은 군사를 버린다. 애초에 3대로 나뉘어 행군했으나 1대는 뒤로 처지고, 또 1대는 우왕좌왕하다 진흙구덩이에 빠져죽고, 마지막 1대만이 조조를 따라 험준한 길을 뚫고 나온다.
평지에 이르러서야 조조는 좌우를 살펴본다. 뒤따르는 군사는 3백여 명에 불과하다. 갑옷이며 투구 등을 제대로 갖춘 자가 없다.

'적군이라도 만나면 몰살을 면치 못하리라.'

조조는 지금의 처지가 화급함을 깨닫고 길을 재촉한다. 수하 장수들이 청한다.

"말이 너무 지쳐 있으니 잠시 쉬었다 가시지요."

"형주에 가서 쉬면 된다."

조조는 들은 척도 않고, 말을 몰고 나간다. 그렇게 지친 발걸음을 겨우 떼며 가는 오합지졸의 행군은 그래도 멈추지 않고 계속된다. 그렇게 고요히 몇 리쯤 행군하다가 조조가 또 갑자기 말 위에서 채찍을 높이 들고 소리 내어 웃는다. 장수들은 화들짝 놀란다. 이번 전쟁에서 조조의 큰 웃음의 뒤끝은 곧 화를 불러왔음을 기억한 때문이다.

"승상께서 또 어찌 그리 웃으십니까?"

조조가 대답한다.

"이것 봐라. 이것 봐. 너희들은 주유와 제갈량의 지략이 뛰어나다고 하지만 알고 보면 참으로 무능한 인물들이로다. 만약 이곳에 군사 몇 백만 매복해두었어도 우리 모두 꼼짝없이 사로잡히고 말 게 아니겠느냐?"

이번에도 그의 웃음과 주유와 제갈량에 대한 비난은 화를 자초한다. 갑자기 포성이 울리는 것을 신호로 양쪽에서 5백여 명의 군사들이 시퍼런 칼을 들고 쏟아져 나온다. 그들 무리의 맨 앞에 관우가 버티고 있다.

'봉산개도 우수가교'가 등장한 전후 맥락은 이렇다. 여기서 조조의 진취성을 찾아볼 수 있는가. 원래 이 경구 자체는 진취성이 있을지 몰라도, 『삼국지연의』에서 이를 끌어다 쓴 용도는 전혀 다른 것이었다. 조조의 허황함과 이기심을 드러내고 조롱하려는 용도인 것이다.

독서에선 맥락이 중요하다. 사자성어, 단편적 에피소드, 요약된 지식 등을 활용해 잘못된 인용과 주장을 하는 사례는 생각보다 많다. 단편적 에피소드 중심의 넓고 얕은 지식에 몰입하는 건 작게는 무식해 보이고, 크게는 사태판단을 잘못하게 해 잘못된 인생전략을 세우게 될 위험도 있다.

글쓰기에만 국한해 본다면 좋은 경구와 촌철살인의 문장은 양념처럼 필요한 것이다. 그렇다고 이를 얻기 위해 세상에 나온 모든 책을 처음부터 끝까지 다 읽을 수는 없다. 이 때문에 다이제스트 지식과 정보들은 넘치고, 이들은 나름대로 유용하기도 하고 편리한 점도 있다. 그러므로 심심풀이로 자주 보는 것도 좋다.

다만 거기에 머물면 안 된다는 것이다. 마음에 끌리는 문장이나 장면, 인물, 특정한 대목을 발견하면 그 맥락을 확인하고 이해하는 방식의 독서로 확장해야 한다. 원전을 찾아보고, 관련 논문도 보고, 그 사건 전후의 역사도 공부하면서 말이다. 독서의 양은 그렇게 옆으로 가지를 쳐가면서 늘려나가는 거다.

좋은 독서의 기준은 '나'

독서와 공부엔 시기가 있다. 인간의 마음과 두뇌의 기능은 일정하게 자라는 게 아니라 특정 시기에 특정한 부분이 더 자라고, 어느 시기엔 특정 기능이 퇴화한다. 인간에게 발달 단계가 있고, 이론적으로 발달단계는 한 단계가 완성되지 않으면 다음 단계로 뛰어넘을 수 없다고 한다.

곰곰이 생각해보자. 어렸을 때 외운 시나 노래는 아직도 기억나는데, 일주일

전에 읽은 책은 제목도 어사무사한 경우가 흔하지 않은가. 내 경우 젊은 시절의 독서는 기억에 남고, 나이 들어서의 독서는 생각의 폭을 넓히는 데 좋은 것 같다.

젊어서는 도무지 이해되지 않던 책이 나이 들어서 보면 가슴에 콱콱 박히고, 젊어서 재미있던 책이 나이 들어서 보면 별로 감흥이 없기도 하다. 책은 읽을 때마다 느낌이 달라진다고 하는 것은 책이 바뀌어서가 아니라 독자의 발달단계가 달라져서다.

이런 얘기를 장황하게 하는 것은 남의 독서에 간섭을 하거나 남들이 많이 본 책이 나의 책 선정 기준이 되어서는 안 된다는 얘기를 하고 싶어서다.

남의 독서에 간섭하는 경우가 가장 빈번한 것은 부모가 자녀들의 독서에 관여하는 것일 게다. 이는 어려운 문제다. 엄마가 책을 읽어주면 아이와 유대감이 깊어진다는 말도 있다. 그런데 엄마와 아이의 취향은 차치하고라도, 발달단계가 다르다. 발달단계가 다르면 관심도, 세상을 이해하는 방식도 모두 다르다. 한데 사람은 늘 자기를 기준으로 생각한다. 엄마의 인식과 이해의 기준, 발달단계를 아이에게 강요하게 되는 위험은 없을까.

내 경험을 얘기하자면, 우리 부모님은 책은 많이 사주셨는데 책을 읽어준 적은 없다. 내 경우는 아이와 서점에 자주 놀러가고 사달라는 책은 사줬지만, 책 선택에 관여하지도 책을 읽어주지도 않았다. 책 좀 읽으라고 채근을 당한 적도 없고, 나도 아이에게 독서하라고 권한 적도 없다. 독서는 자유영역이어서다.

사람은 모두 자유의지가 있고, 생각도 다르다. 자신이 좋아하는 책은 자신의 생각이나 취향과 맞아떨어지기 때문에 고르게 되고, 그런 책들을 읽다 보면 자기 정체성이 드러나고 자신의 취향과 개성을 알게 된다.

그런데 권위 있는 누군가 구체적으로 개입하게 되면, 사람은 저항하거나 투항하는 방안 중 하나를 선택하게 될 공산이 크다. 저항하는 사람은 부모에게 대들어 생기는 위험부담을 피하기 위해 책을 멀리하는 쪽을 선택하게 될 것이고, 투항하는 사람은 타인에게 의지하는 마음이 생기고 자신의 선택에 타인의 눈치를 보게 된다는 말이다.

베스트셀러와 유명인의 추천도서만 많이 팔리는 우리 도서 시장구조가 아이들의 독서에 어른들이 너무 많이 개입하는 우리의 문화적 특성 때문이 아닌지 생각해본 적이 있다.

내 초등학교 시절부터의 주된 독서의 영역은 '전쟁 소설과 역사'였다. 2차 대전에 대한 관심에서 시작된 전쟁 관련 독서는 1차 대전으로, 영국사와 미국 남북전쟁으로 이어졌다. 현실에선 당시 한창이던 중동전쟁에 관심이 커져 이스라엘 전쟁영웅인 다얀 장군에 대한 기사를 스크랩하고, 골다 메이어 당시 이스라엘 수상에 관한 책과 기사를 섭렵하고, 이스라엘의 역사와 유대인 문제에 관심을 갖게 되기도 했다.

어쨌든 이런 열 살짜리 '전쟁 독서광'을 부모님이 어떻게 독서지도를 할 수 있었겠는가. 부모님 입장에서 전쟁 관련 책들을 골라주고 권해줄 수 있었을까.

그렇다고 부모가 자녀의 독서에서 손을 놓을 수는 없다. 우리 부모님의 방식이 괜찮았던 것 같아 소개해볼까 한다.

사람은 재미있는 일, 새로 알게 된 것 등에 대해서는 떠들고 싶어 한다. 그런데 이제 막 입문해 재미있는 포인트를 찾아 떠들기 시작했는데, 고수가 나타나 자신의 취약점을 지적하고 가르치려 들면 오히려 기가 죽고 재미가 뚝 떨어진다. 돌이켜보면 내 경우엔 새로 알게 된 지식이든 정보든 어쨌든 내게 재미있는 것을 밥상머리에 앉아 떠드는 걸 좋아했는데, 우리 가족들의 반응은 "그래?" 정도였다. 각자 자기 관심사가 따로 있으니 내 관심 영역에 무슨 큰 관심이 있었겠는가.

독서에 관한 한 나는 부모님에게서 간섭을 받은 적도, 가르침을 받은 것도 없다. 하나 책 사는 걸 김장철 배추 사듯 하는 부모님 덕분에 책을 사는 법을 배웠고, 풍부한 책 속에 살았다. 부모가 책을 사는 데 돈을 쓰지 않으면, 아이도 책 사는 데 돈을 쓰지 않는다. '공짜는 약발도 떨어진다.'는 말이 있다. 똑같은 약도 공짜로 주면 효과가 없거나 약하다는 말이다. 묘하게도 돈을 지불했을 때 치료 효과도 높고, 학습 효과도 좋아진다.

간섭하지 않아도 부모의 취향에서 아이는 영향을 받는다. 우리 집엔 서양 작가들의 그림 작품을 모아놓은 수십 권짜리 화집이 쉽게 뽑아볼 수 있는 위치에 꽂혀 있었다. 나는 그 책을 두서없이 뽑아본 덕분에 그림엔 재주가 없어도 대략 서양의 시대별 작품의 경향과 특정 작가들의 작품을 알아보는 안목 정도는 갖게 됐다.

또 기억나는 게 있다. 아버지가 베를린 필하모닉이 녹음한 베토벤 교향곡 레코드 전집을 사왔는데, 부모님 두 분이 어찌나 좋아하며 신주단지 모시듯 하면서 감탄을 하던지 나도 괜히 경건해져 옆에서 듣다가 교향곡의 세계를 알게 되기도 했다.

지금 돌이켜보면, 우리 부모님은 독서든 교양이든 직접 간섭은 하지 않았지만 기본적인 교양과 관련된 부분은 이런 식의 무(無)관여를 통해 디테일하게 관여를 했다는 생각이 든다.

책 속에 길이 있다고?

책들 중에는 선전과 선동도 있고, 좋은 내용이라도 현실에 맞지 않는 것도 있다. 책 속엔 길이 있기도 하고, 없기도 하다. 책 속에서 길을 찾아내는 것은 자기 자신이다.

책은 아이디어와 통찰력을 단련하는 기본 교재이고, 자신이 미처 정리하지 못한 생각들을 이미 앞서 고민했던 선배들이 정리해놓아, 혼자 생각하고 해답을 찾아야 하는 노력을 줄여주면서 한 단계 빨리 뛰어갈 수 있도록 발판을 마련해준다. 하나 이 모든 것은 자신의 내공에서 나오는 것이고, 자신이 강할수록 책도 효력을 발휘한다.

긴 추천도서 목록을 다 읽어야 하는 건 아니다. 흥미도 재미도 없는 책을 의무적으로 읽다 보면 독서는 고역이 된다. 이해도 안 되고, 공감도 안 되고, 재미도 없으면 덮는 게 낫다. 읽을 책이 없거나 읽고 싶은 게 없으면 몇 달이고 몇 년이고 읽지 않아도 된다. 대신 생각을 하고, 자신을 정리해보고, 의미 있는 사람들을 만나고, 안 가본 곳을 가보는 등 다양한 인생 경험을 대신할 수도 있다.

이건 무책임하게 권하는 얘기가 아니다. 내 경험이다. 나는 몇 년 정도 독서라 할 만한 책읽기를 안 한 적이 있다. 소설가로 등단도 못 하고 신문기자가 된 후엔 실용서 정도만 읽었고, 생각을 키우기 위한 독서를 한동안 안 했다. 이 책을 준비하며 옛날 해놓았던 메모를 찾다보니 이런 대목이 있었다. "죽은 자들의 생각은 이제 지긋지긋하다." 나의 독서가 죽어 있던 그 시기에 쓴 메모다.

 책은 얼마나 많이 읽느냐가 중요한 게 아니다. 자신만의 책 읽는 방식, 독법(讀法)을 갖는 게 더 중요하다. 독법에 따라 서문만 읽고도 책의 내용을 다 이해할 수 있게 되기도 하고, 큰 노력 없이도 자신에게 맞는 책만 골라내는 능력도 생긴다. 자신만의 독법이 생기면 사색이 가능하고, 죽은 사람의 낡은 생각에서 새로운 발견을 할 수도 있다. 그렇게 되면 모든 책이 의미 있어진다.
 자신의 독법은 많은 시행착오를 거쳐 스스로 만드는 것이다. 내 경우는 유연성과 다양성의 존중을 잊지 않으려 한다. 그래서 나는 사회적으로 통용되는 고정관념 같은 것을 벗어난다. 예를 들어 요즘 나는 제자백가에 몰두하고 있는데, 과거 유학자들이 이단이라고 했던 〈한비자〉〈노자〉〈묵자〉〈귀곡자〉 등에서 큰 생각을 얻고 있다.
 앞에서도 얘기했지만, 큰 바다가 되려면 물을 가리지 말아야 하고, 높은 산이 되려면 흙과 돌을 가리지 않아야 한다는 말이 그런 말이다. 사회적 통념과 금기, 고정관념, 원리주의적 믿음 등에서 자유로워져야 독서의 지평은 넓어진다.
 또 하나. '맹목적 독서의 시기'를 가져야 하는 것 같다. 나는 중학교~고등학교 1학년, 학력고사를 마친 시점부터 대학 시절까지가 '맹목적 독서의 시기'였던 것 같다. 이때는 책을 휘뚜루마뚜루 다 읽어보거나 건드려보고, 특히 흥미로운 주제는 소설로 시작해 역사서, 논평, 논문까지 관련 책들을 저인망식으로 읽었다. 이 시기의 독서가 내 독서의 총자산 중 차지하는 비중은 팔 할 이상일 것이다.

2 지식의 이해

스스로를 '활자중독'이라고 하는 사람들이 있다. 손에서 책을 떼지 않고, 신간부터 베스트셀러까지 휘뚜루 본다.

'인간 네이버'로 불리는 사람들이 있다. 검색만 하면 나오는 얕은 지식과 정보를 다 알고 있다. '모르는 것 빼놓고는 다 아는' 사람들이다.

이들의 독서량과 검색 양, 세상에 대한 호기심은 나 같은 사람은 범접하지 못할 정도로 많다. 그런데 이런 사람들 중에는 글쓰기가 안 되고, 산만하고, 사태를 일목요연하게 파악하고 정리하는 능력이 떨어지고, 자기 얘기는 없이 남의 얘기만 하는가하면 가치관의 혼란으로 횡설수설하는 사람들도 많다. 자신이 축적해놓은 지식에 눌려 자기 생각이 숨을 못 쉬는 경우다.

지식의 양과 통찰력, 그리고 생각의 깊이는 비례하지 않는다. 양만 추구하다 보면 '지식의 효용'이 무엇인지 잊을 수 있다. '나는 이것도 알고, 저것도 알고, 이만큼이나 많이 안다.'며 지식의 총량을 자랑하는 허황한 지식인이 되기 십상이다.

사람에게 지식은 '지식 자체'가 아니라 그걸 이용해 지혜를 키우고, 더 나가 이로써 자신과 사회와 인류의 미래를 위해 활용하는 그 무엇을 창조해내는 계기로 만들 때 의미가 있다. 이를 지식의 단계로 설명할 수 있다.

〈지식의 단계〉

지식(知識) - 축적된 과거의 유산

⇩

지혜(智慧) - 문제해결 능력
⇩
지략(智略) - 새로운 미래 창조

지식은 다음과 같이 세 단계로 나누어 생각해볼 수 있다.

①지식의 단계 : 지식의 탐색과 축적은 과거로부터 쌓여온 지식의 유산을 나의 것으로 만드는 가장 기초적인 단계다. 하나 이 단계에 머물면 '아는 건 많은데 쓸모없는 사람'이 되기 쉽다.

②지혜의 단계 : 습득한 지식은 현재 일어나는 많은 문제들을 잘 해결할 수 있는 문제해결 능력, 즉 지혜로 발전해야 한다. 발전시키는 주체는 나 자신이다.

③지략의 단계 : 지식과 지혜가 현재의 쓰임에 만족하지 않고, 미래를 예측하거나 새로운 미래를 창조하는 단계로 발전할 때 비로소 지식의 단계는 완성된다.

이 개념은 중국의 모략학(謀略學)에서 빌어 왔다. 모략학은 내가 간혹 강연하는 주제 중 하나인데, 우리나라에서는 모략이라는 말이 워낙 나쁜 의미로 쓰이고 있어 여기에선 '지략'으로 바꾸었다. 지식과 지혜, 지략(모략)의 관계를 중국학자 차이위치우(紫宇球) 말을 빌자면 이렇다.

"과거의 지혜는 실용적인 꾀로 전환될 수 있을 때 의의가 있다."
"식(識)이 많아져야 비로소 지(智)가 넓어지고, 지가 충족되어야 모(謨)를 낼 수 있다."
"학식이 낮고 별로 없거나 지력이 그저 그렇다면 기묘한 계책을 생각해낼 수 없다."

독서와 학습은 지식의 1단계일 뿐이다. 물론 이 단계가 단단하지 않으면 다음 단계로 넘어가지 않는다. 하나 이 단계에 머문다면 '우물 안 개구리'가 되는 것이다. 다른 사람이 개구리를 우물 안에 던져 넣을 수 있지만 그 안에서 빠져나오는 것은 온전히 스스로 해야 하는 일이다. 독서와 학습, 그 다음에 해야 할 일이 더 많다는 얘기다.

3 소설의 힘

"나는 소설 같은 건 읽지 않아요."
국내 명문대를 졸업하고, 외국에서 박사학위를 받은 지식인 모씨는 약간 성이 난 듯 상기된 표정으로 말했다. 이 얘기로 시작하는 건 이 장을 쓰려고 하는데 가장 먼저 생각난 게 희한하게도 그와 잠시 스쳤던 장면이어서다.

내가 소설 『여류(余流) 삼국지』와 『적우(敵友): 한비자와 진시황』 등 중국 역사 소설을 쓴 후, 중국 역사와 사상을 안다는 남성 지식인들의 도전을 좀 받았다. 나의 여러 인맥의 소개를 빌미로 만나서는 자기 지식 자랑을 하고, 나와 지식 대결을 벌이려는 사람들이었다. 지금은 이런 '강호의 도전과 대결의식'을 눈치 챈 터라 이런 만남은 사절하고 있지만, 초기에 멋모르고 봤던 인물 중에 모씨가 있었다.

그는 "한학에 정통하다."고 했다. 그러다 『삼국지』에 관해 얘기하면서, 자신은 "소설 같은 건 읽지 않고, 정사 『삼국지』를 읽었다."는 것이다. 그래서 내가 이런 말을 했던 기억이 난다.

"정사 『삼국지』만 읽고도 후한 말 삼국시대의 역사적 맥락을 소상히 아신다니 대단하군요."

정사 『삼국지』는 기전체 역사서다. 기전체 역사는 『사기』처럼 인물을 중심으로 기록되어 있다. 역사적 인물과 관련된 이야기들을 모아놓은 것이어서 시대적인 흐름이나 특정 역사적 사건에 얽힌 전후 맥락 등을 소상히 파악하기 어렵다. 물론 스토리로서의 확장 가능성이 무궁무진하다는 점에서 기전체 역사

서술을 내가 아주 사랑하기는 한다.

그 시대의 역사적 맥락을 짚어보는 데에는 『자치통감』이 좋겠고, 여기에 하나 더 보태자면 나관중의 소설 『삼국지연의』가 있겠다. 이 소설은 국내에서도 여러 작가들의 편작본이 나와 있다. 내 작품 『여류(余流) 삼국지』도 그 중 하나다. 그런데 『자치통감』이나 『삼국지연의』가 아니라 정사 『삼국지』만 읽고 후한 말 삼국 시대 얘기를 할 수 있으니 대단하다는 말이었다.

문학·역사·철학, 즉 인문학적 소양은 사회과학적 글을 쓰려는 사람들에게도 아주 유용하다. 상상력을 확장해주고, 다양하고도 정교한 표현 양식을 배울 수 있는 등 이점이 많다.

그 중에서 나는 먼저 소설로 이 이야기를 시작할까 한다. 인문학에 열광하면서도 역사와 철학에만 비중을 두고, 문학은 소홀히 하는 경향이 있는데 실은 글쓰기에서는 가장 중요한 장르라는 걸 얘기하고 싶어서다.

소설과 거리두기

반응의 강약에는 차이가 있지만, 한국의 많은 지식인들은 소설과 거리를 두려고 한다. 소설을 읽지 않는 것이 지성인의 덕목인 듯이 말하는 사람들도 있다. 예전에 교육 수준이 매우 높은 '지식인'들을 대상으로 했던 강연에서 물어본 적이 있다. 자기계발서와 소설 중 어느 책을 더 많이 읽는지 말이다. 자기계발서가 압도적으로 많았다. 소설은 읽지 않는다는 사람들이 대다수였다.

한국 지식인들의 '소설과의 거리두기'는 이해되는 측면도 있다. 조선시대 정조는 문체반정을 통해 소설을 금했고, 심지어 패관소설체 혹은 신문체(新文體)를 쓴 유생들은 반성문을 쓰고, 과거에 응시도 할 수 없었을 정도였으니 지식인들 사이에 소설에 대한 트라우마가 생길 만도 했다. 그러나 소설읽기는 좋은 글을 쓰려는 사람들은 '필수과목'으로 거쳐 가야 한다. 왜 왕의 핍박을 받으면서도 조선 중기 이후 한국의 소설은 줄지 않고, 신문체의 대표적 문장가로 꼽히는 박지원은 여전히 조선 명문장가로 꼽히는 것일까 곰곰이 생각해보기 바란다.

공감능력

나의 첫 소설은 『작은 아씨들』이었다. 그 전에 읽었던 책들을 잊게 했을 만큼 '훅'하고 들어온 책이라는 말이다. 스무 번은 읽었을 거다. 그 이유를 생각해보자면, 주인공이 둘째 딸이어서였을 거다. 둘째 딸들만 아는 '둘째 딸의 고충'이라는 게 있다. 나로서는 설명할 수 없는, 둘째 딸의 삶을 글로 표현한 그 소설에 내가 큰 공감을 했던 것 같다.

그로부터 나는 소설을 쓰기 시작했다. '열한 살'이라는 제목만 기억에 남아 있는 걸로 보아 열한 살 무렵이었던 것 같다. 나는 소설이 내게 준 그 강렬한 '공감의 힘'에 이끌려 소설의 세계로 들어갔고, 마흔여섯 살에 등단을 했을 정도로 오랜 세월 동안 소설을 놓지 못 했고, 지금도 소설만 쓰며 사는 게 소원이다.

공감능력은 사람으로 사는 데 가장 중요한 능력 중 하나다. 남의 얘기는 듣지도 않고, 자기 말만 하는 정도가 심한 '정서적 장애'는 대개 공감능력의 부재에서 온다. 이들은 주변 사람도 괴롭히지만, 자신도 괴롭다. 자신이 옳은데 주위가 다 자신 말을 안 들으니 얼마나 화가 나겠는가. 실제로 이런 사람들은 늘 분노에 휩싸여 있고, 자신을 제외한 모든 이들을 비난한다.

공감능력은 사람마다 타고 나는 부분도 있는 것 같다. 굳이 노력하지 않아도 천성적으로 공감을 잘 하는 복 받은 사람들을 본 적도 있다. 하지만 평균적 공감능력을 타고난 사람들은 후천적으로 훈련을 해야 한다. '공감능력'을 키우는 것으로는 소설 읽기, 즉 타인의 스토리를 통해 자신의 공감 감각을 깨우는 것 외에 더 좋은 방법을 나는 알지 못한다.

생각해보면 지구상에 인간보다 더 잔혹한 동물은 없다. 엥겔스도 "인간만큼 잔인한 동물은 지구상에 더 없다."고 했다. 동물들은 먹을 만큼 사냥하고 사냥감도 단번에 숨을 끊지만, 사람은 어떻게 하면 상대를 극단적으로 괴롭힐 수 있는지 연구하고 실행하는 동물이다.

원시시대로 가까이 갈수록 잔혹함의 정도는 현대인의 상상을 초월한다. 자기 부족의 사람을 해치면 상대 부족을 몰살하는 피의 보복을 단행했고, 무도한 군주가 신하의 얼굴 가죽을 벗기고 인두질을 했다는 등 '동물의 세계'에만 사는 동물들이 들으면 치를 떨 만한 짓을 인간은 서슴없이 저질렀다.

사람에겐 생각하고 궁리해낼 수 있는 두뇌가 있다. 그 두뇌를 인간의 지상과제인 '자신의 생존'을 위해 활용하다 보면, 남을 죽여야 자신이 산다는 결론에 도달할 수 있다. 인간은 누구에게나 그런 '잠재적 소질'이 있다.

그런 살육의 본능을 점차 줄이고, 타인과의 공존능력을 키운 것이 '문명'의 역할이었다. 문명은 곧 '스토리'다. 스토리를 통해 타인이 나와 같은 것을 느끼고 두려워하고 기뻐한다는 공감을 확인하게 되고, 이를 통해 타인과의 동질성을 느끼게 되면서 인류가 발전해왔다고 본다.

타인의 스토리를 허구로 만들어 들려주는 장르로 정착한 것이 소설이다. 사람들은 내 옆의 미운 사람들 스토리와 감정에는 공감하지 못해도 나와 상관없는 사람들, 특히 실체를 알 수 없는 허구의 누구인가의 스토리에는 사심 없이 귀 기울이며, 마치 자기 얘기인 양 몰입할 수 있는 능력이 있다. 이런 스토리를 통해 타인의 감정과 자신이 교감하는 경험을 하게 되면서 공감능력이 커진다.

글쓰기에서 가장 중요한 것은 '공감'을 받는 것이다. 아무리 홀로 비분강개하고, 중요하다고 강변하며 화려한 문체로 써내려가도 공감 받지 못하면 죽은 글이다. 공감 받는 글은 공감할 줄 아는 사람이 쓸 수 있다.

맥락의 이해

글쓰기를 도형에 비유해 보자. 도형은 점(點)·선(線)·면(面)으로 이루어져 있다. 글쓰기는 크게 학문적 글쓰기, 문학적 글쓰기, 사회적 글쓰기로 나눠볼 수 있는데, 각각을 점·선·면으로 설명해볼 수 있겠다.

● 학문적 글쓰기는 '점'의 글쓰기라고 하겠다. 학문은 하나의 주제에 깊이 천착해 들어간다. 현상에서 시작해 근원과 원리를 파헤치고, 원인과 결과를 밝혀내는 등 주제라는 한 점을 찍고 깊이 파는 분야다.

이런 글쓰기는 누구나 구성요건과 논리전개방식 등의 일정한 훈련을 거치면 쓸 수 있다. 표현력이나 유머가 필요 없다. 가장 중요한 것은 정확하게 묘사하고, 설명할 수 있는 능력이다. 오히려 그래서 문장의 기본기가 더 탄탄해야 한다. 실제로 우리나라에서 나온 논문 등 학문적 글쓰기에선 주술관계가 꼬이고 암호 같은 비문(非文)을 사용하거나 어휘의 선택에서 실패하는 사례도 심심찮게 발견할 수 있다. 문장이 꼬이면 내용은 더 어려워지고, 전달은 안 되고, 전반적으로 난삽한 인상을 준다. 어휘력이 달리면 제대로 된 용어를 찾아내지 못해 무슨 말인지 알아들을 수 없는 암호화된 말들을 늘어놓기 십상이다. 따라서 학문적 글쓰기가 주업이 된다 하더라도 기본적인 문장 인프라가 탄탄해야 하고, 문장에 대한 감각이 있어야 한다.

● 문학적 글쓰기는 '선'의 글쓰기라고 하겠다. 세상에 흩어져 있는 수많은 점들을 연결해 형상을 그려내는 것이다. 그 점들은 고립된 인간일 수도 있고, 학문일 수도 있고, 사건일 수도 있다. 서로 의미 없이 점점이 흩어졌던 것들을 서로 연결해 맥락과 의미를 찾아내고, 평면 위에 입체적 형상을 그려낼 수 있다.

내 소설 『카페 만우절』은 '말(言)'에 대해 쓴 것이다. 이 소설은 요절한 희곡 작가와 그를 취재한 기자가 이야기를 끌어나가지만, 실제로 쓰고자 했던 것은 사람들이 타인에 대해 배설하듯 쏟아놓은 '말'의 폭력성과 비(非)진실성에 대한 이야기였고, 이 이야기를 하기 위해 등장 인물과 여러 흩어진 사건들을 엮어나가며 '말'이라는 형상을 그려낸 것이다.

학문으로써 '말'을 연구한다면 그 근원이나 구성요소 등을 해체하게 되겠지만, 문학적 글쓰기로 쓴 '말'은 그 인간적 맥락, 사회적 맥락, 정신적 맥락 등 '맥락'을 쓰게 된다. 이 맥락에는 각자의 사정과 감정이 녹아들고, 실수하고 후회하며 살 수밖에 없는 인간의 한계와 사람으로선 통제할 수 없는 '어쩔 수 없는 상황' 같은 여러 측면들이 녹아들어 있다. 한 인간을 둘러싼 상황과 감정은 한 마디로 표현할 수 없이 복잡한 것이다. 문학적 글쓰기는 그 복잡한 것들을 한 데 뒤섞어가며 모두를 터치해나갈 수 있다.

● 언론·편지·보고서 등의 사회적 글쓰기는 '면'의 글쓰기라 하겠다. 면은

말 그대로 한 측면을 보여주는 것이다. 점과 선이 입체적 모양으로 연결된 것이 아니라 평면 위에 2차원적 상태로 연결돼 하나의 정황과 사건을 비추는 것이다. 면의 글쓰기에서는 볼 수 없는 것들이 많다. 접힌 면도 볼 수 없고, 뒷면도 볼 수 없다.

　공감능력과 이해력의 폭을 넓히려면 맥락을 이해해야 한다. 학문처럼 너무 깊은 얘기는 그와 관련이 없거나 그 문제에 관심이 없는 사람들에겐 어렵고 재미없다. 언론에 비친 단면은 사실(fact)일 뿐인데, 이를 진실이라 믿어버리면 편협해진다. 편협함은 글쓰기의 적이다. 그러므로 문학적 글쓰기를 지향하지 않더라도 독자로서 맥락에 대한 이해와 상상력, 그리고 전체적인 스토리에 대한 관심을 가져야 한다. 개연적인 것들을 엮어나가며 하나의 형상을 그려나갈 수 있는 확장적 상상력을 가져야 한다. 가장 쉬운 방법이 소설을 읽는 것이다.

자아의 발견

내 경우 톨스토이의 『전쟁과 평화』는 나의 가치관과 세계관이 열리는 출발선이었다고 해도 과언이 아닐 것이다. 세 권짜리 완역본을 처음 읽은 게 중학교 1학년 때. '전쟁'이 들어간 책은 휘뚜루 읽던 때라 손에 잡았던 이 소설은, 그러나 이후 완전히 다른 차원의 독서로 나를 이끌었다.

　나폴레옹과 프랑스 시민혁명, 영국역사 등 유럽의 전쟁사로 관심이 이동한 게 한 갈래였다. 내게 더 중요한 의미가 있는 것은 다른 한 갈래였다. 레프 톨스토이에 대한 탐구였다. 그러면서 『전쟁과 평화』의 피에르, 『안나카레리나』

의 레빈, 『부활』의 네플류도프 등 러시아 귀족 지주 주인공들이 고민하고 실행한 '지주의 선과 정의 혹은 사회의식'과 '토지공개념' 등의 문제의식을 발견하게 된 것이다.

물론 톨스토이를 좋아한다고 모두가 나와 같은 점에 착안하지는 않는다. 각자마다 다른 영향을 받는다. 어떤 책에서 영감을 얻고, 큰 공감을 하게 되는 것은 자기 안에 이미 그런 맹아(萌芽)가 있기 때문이다. 그러므로 내게 영향을 미쳤던 책이 당신에게도 모두에게도 같은 영향을 미칠 거라는 보장은 없다. 독서는 결국 자기를 찾는 과정이다.

그러므로 나의 맹아를 찾아내 싹을 틔우고 자라게 해줄 '나의 책'을 찾는 게 중요하다. '나의 책'은 문제를 던지고, 나는 생각해야 한다. 소설의 방식으로 생각하면 생각하기가 훨씬 쉽고 자유롭다. 나의 생각들을 소설의 주인공들에게 대입해가다 보면 상상의 폭이 넓어진다. 내가 하기엔 귀찮고 면구스러운 일들도 주인공들을 시키다 보면 생각의 경계를 넘어갈 수 있다.

이 과정에서 상상력의 훈련이 가능하다는 것도 이점이다. 상상력은 일상적으로 일을 처리하는 데도 아주 필요한 능력이다. 임기응변도 상상력이 있어야 가능하다.

지적 지평의 확장

중국 고대사와 제자백가는 나의 오래되고도 집중적인 독서의 영역 중 하나다. 이 지식들은 내 창작에도 활용되고 있다. 굳이 나관중의 『삼국지연의』를 수많은 편작본이 있음에도 불구하고 나까지 뛰어들어 『여류(余流) 삼국지』로 편작한 것도 중국식 병법과 처세술의 사고방식을 덧붙이려 한 것이었다. 한비자와 진시황의 1년간의 만남을 다룬 소설『적우(敵友):한비자와 진시황』도 중국식 법가, 병가, 도가와 합종연횡을 이끈 종횡가들의 처세와 사고방식을 쉽고 친숙한 방법으로 다뤄보고자 한 것이다.

『여류(余流) 삼국지』의 경우 중국 병법서 〈36계〉를 근간으로 〈육도〉〈손자병법〉의 병서와 〈전국책〉의 책략 등이 녹아 있다.『적우(敵友):한비자와 진시황』는 〈한비자〉를 근간으로 〈노자〉〈울료자〉〈전국책〉 등에서 내용과 사고방식을 빌려왔다.

톨스토이의 소설에는 기존 러시아 귀족들의 '지대(地代)추구형 착취 경제'를 바로잡으려는 사회의식이 담겨 있다. 또한 자신과 같은 문제의식을 가졌던 미국 경제학자 헨리 조지의『진보와 빈곤』에 열광하며 소설『부활』에서는 네플류도프를 통해 그의 이론을 소개하고 사상을 실현하는 모습을 보인다.

이처럼 어떤 소설들은 기존의 지식을 일반 독자들에게 편안한 형태로 제공하기도 하고, 소설적 상상력을 통해 지식이 현실에서 구현되는 모습을 보여줄 수 있다. 이런 특성으로 인해 예로부터 지식인들은 소설 기법을 통해 사회적 모순을 지적하고, 개혁적 사고를 역설하곤 했다.

역사공부로 접근하는 쉬운 길
나는 중국 고대사와 제자백가에 접근하는 방식에 대한 질문을 간혹 받는다. 이때 내가 권하는 방법은 중국 풍몽룡의 소설『동주열국지』를 먼저 읽으라는 것이다. 주나라가 서융의 침략에 도읍을 동쪽으로 옮기면서 시작되는 춘추전국시대 550년에 걸친 이야기다.

이 소설에 나오는 스토리들만 알고 있어도 제자백가에 나오는 수많은 사례들을 알게 된다. 또 소설을 읽다 보면 중국 신화의 시대인 삼황오제 시대 회고담도 많이 나오는데, 이 부분이 궁금해 다른 자료를 찾아보는 등으로 스스로 보충학습을 하게 될 것이다. 이런 방법으로 이 소설을 끝낼 때쯤이면 중국 고대사의 장면들이 대략 머릿속에 그려진다.

고대 제자백가는 우리가 생각하는 철학과는 좀 다르다. 철학은 진리를 탐구하고, 근원을 찾기 위한 끊임없는 질문의 과정으로 이루어진다. 하나 중국 제자백가의 상당수는 일종의 실용서로 다가온다. 근원을 탐색하는 고뇌의 과정이라기보다 현실에 활용 가능한 기술적 사고를 중심으로 전개된다. 순자(荀子)는 "모든 학문은 실제로 이용되면 끝난다."고 했다. 그래서 과거의 실례를 들어가며 설명하는 경우가 많다.

제자백가의 글들은 가설과 논증 형태 혹은 문제제기와 입증과 같은 학문적 글쓰기라기보다 교훈적 혹은 훈시(訓示)적 글쓰기이거나 자신의 주장을 설득력 있게 피력하는 저널리즘적 글쓰기인 경우가 주류다. 사상이라 할 수는 있지만 철학이라 하기에는 우리의 철학에 대한 상식과 부딪치는 부분이 많다.

내가 보기에 한국인은 철학적인 성향이 강한 편이다. 원리와 근원에 대한 관심이 많아 그쪽으로 탐색하고자 하는 의지가 강하다. 그리고 조선 500년간 성리학을 근간으로 하면서도 근원적 질문들을 많이 하면서 조선의 유학은 형이상학적 논증을 많이 했던 것 같다. 그래서인지 현재 우리나라 학자들도 매사에 철학의 방식으로 접근하려는 경향이 강하다. 이런 학술적 분야는 일반적 독서를 하는 나 같은 사람이 접근하기에는 쉽지 않다.

나의 독서는 원시 제자백가를 탐독하는 데 주력한다. 곧바로 원전을 읽는 것이다. 원시 제자백가의 경우 『노자』 『장자』 『주역』 등 일부를 제외하고는 해설서보다 원전이 더 이해하기 쉽고, 직관적이다. 원전으로 읽어보기를 권한다.

또 『플루타르코스의 영웅전』과 『일리야드』만 읽어도 서양소설이나 사상에 나오는 수많은 비유와 전제들을 이해하기 쉬워진다. 본격적으로 철학을 공부하기에 앞서 이런 스토리를 통해 워밍업을 하면서 자신의 지적 지평을 넓혀갈 수 있다.

이렇게 동서양 고전을 이해하기 위해서는 기초가 되는 몇 개의 스토리 책들이 있다. 이 정도는 인문교양의 기초라 생각하고 그저 읽어두어야 한다.

어떤 소설을 읽을까

최근 우리나라 소설은 흔히 '운동권 소설'이라 불리는 사회고발성 소설이 큰 경향을 이루고 있고, 이쪽 장르에서 스타 작가들도 많이 배출하고 있다. 그렇지 않으면 '로맨스 소설'류의 지극히 개인적 사연을 중심으로 돌아가는 사(私)소설이 또 하나의 흐름을 만들고 있다.

성찰적 소설은 번안소설에서 찾는 경향이 있는 걸로 보인다. 그래서 국내소설보다 외국 유명작가 번안소설이 베스트셀러에 오르는 경우도 많이 있다.

어떤 소설이 사소설인지, 성찰이 강한지, 역사성이 강한지, 예지(叡智)가 있는지, 예지력(豫知力)이 있는지, 선동적인지 등이 미리 분류되어 있지 않아도 누구나 보면 직관적으로 알 수 있다. 그러므로 각자의 직관에 따라, 필요와 지향에 따라 선택해 읽는다.

그런데 직관력은 개인의 안목과 수준에 달려 있다. 독서의 수준은 개인의 수준을 넘어서지 못한다. 돌고 도는 얘기 같지만 결국 자신의 안목과 수준을 키우지 못하면 고만고만한 생각의 범주에서 벗어나지 못하고, 글쓰기도 고만고만한 수준을 뛰어넘지 못하게 된다.

어떤 소설을 좋아하는가는 개인의 취향이다. 감각적 재미와 사소함도 삶의 한 부분이므로 그런 책을 좋아하는 취향이 나쁘다고 할 수는 없다. 문제는 편식이다. 영양소 공급이 골고루 되지 않는 편식은 건강에 나쁘듯, 독서 편식은 편향된 사고를 갖게 하거나 특정 기능이 성장하지 못하도록 방해할 수 있다는 점은 기억해야 한다.

4 철학개론

내가 대학 입학을 앞두고 있었을 때였다. 아버지한테 "나도 대학생이 되는데 기본적으로 읽어야 할 책들을 좀 추천해 달라."고 했다. 그때 아버지가 내게 건넨 책이 방송통신대학교 『철학개론』 교재였다.

  이 책은 내게 '신의 한 수'였다. Ⅰ장에선 서양의 철학적 계보를 트리 형태로 제시했고, 각각의 사조와 대표 철학자에 대한 요약과 그들의 저서 목록을 정리해 놓았다. 나는 이 Ⅰ장의 안내에 따라 각 철학자별로 그들의 대표 저서를 따라가면서 원전 읽기에 도전했었다. 모든 원전을 다 읽은 건 아니다. 어떤 책은 앞부분만 읽었고, 어떤 책은 요약분만 보았고, 어떤 책은 표지만 본 것도 있다. 하지만 상당 부분 건드려는 보았다.
  20대 초반에 플라톤이나 아리스토텔레스는 재미가 없었고, 소크라테스와의 대화는 지루할 뿐 아니라 도대체 뭘 하자는 것인지, 왜 소크라테스는 이렇게 평범한 얘기만 하는지 알 수가 없었다. 플라톤의 『국가론』은 억지스러웠고, 아리스토텔레스의 『니코마커스 윤리학』은 꼰대의 잔소리 같았다.
  『철학개론』 독서 여행은 내 독서 인생 중 가장 인내심을 가지고, 태반이 '바늘로 허벅지를 찌르는 심정'으로, 하기 싫은 거 억지로 했던 독서였다. 그러니 제대로 깊이까지 탐구하지도 못했다. 알아듣지도 못하는 말이 수두룩했다. 단순히 '소위 교양인이라면 이 정도는 알고 있어야 한다.'는 의무감이었다고밖에는 설명할 수 없는 그런 식의 독서, 주마간산(走馬看山) 같은 독서였다. 그래서 당시에는 내가 그 책을 읽었다고 감히 말하지도 못 했다. 내 것이 된 게 아니었기 때문이다.

앞에서 독서의 수준은 개인의 수준을 넘어서지 못한다고 했다. 한데 독서는 이상하게도 자신 안에서 숙성이 된다. 개인의 수준과 안목을 키우기 위해 선행돼야 하는 독서의 영역 중 하나가 바로 '철학적 상식'이고, 처음엔 이해하지 못했어도 머릿속에 남겨두면 스스로 숙성되어 언젠가 나타난다. 어쨌든 지금은 이런 '맹목적 독서의 시기'를 거친 내 자신에게 감사한다. 이 시기의 독서가 빛을 보기 시작한 건 내가 본격적인 내 글을 갖기 시작한 40대 이후부터였던 것 같다.

앞에서도 말했듯, 인간은 발달단계가 있다. 발달의 속도는 사람마다 다르다. 20대부터 이해력이 높아 세상에 일찍 눈을 뜨고, 자신의 가치관과 세계관이 뚜렷한 사람도 있을 거다.

반면 나는 상당히 늦된 경우여서 20대에는 책의 내용들을 제대로 소화해내지 못했다. 성장 속도가 느리다보니 소설 등단도 마흔여섯 살에 했다.

내가 조금 더 '지진아'였을 수는 있지만, 일부 천재 혹은 수재들을 제외한 대부분의 사람들에게도 20대는 지식과 독서의 내공으로 자신의 세계관을 펼칠 수 있는 시기는 아니라고 본다. 다만 기억 속에 저장해두는 단계다. 다시 한 번 말하지만 암기력과 기억력이 좋은 때라 이때 스치고 지나간 독서는 당시엔 활용도 안 되고 이해할 수 없더라도, 시간이 흐르면서 숙성된다는 것을 기억했으면 한다.

실제로 내 경우 칼럼을 쓰면서 어떤 현상이나 개념을 명료하고 권위 있게 설명하고 싶을 때엔 '어떤 책을 찾아보면 되겠다.'는 생각이 저절로 떠오른다. 모두 옛 독서의 기억이 작동해서 이루어지는 것들이다. 더디게 발달한다고 해도 젊은 시절에 쌓아두어야 할 건 쌓아두어야 한다.

또 20대의 독서는 그 이후 독서에도 많은 영향을 미친다. 나는 30대 후반부터 법가와 병가 등 제자백가 공부를 시작했다. 대학시절 '사서(四書)강독'의 경험이 있다 보니 중국 고대 사상에 들어가는 데 별다른 어려움을 느끼지 못했고, 한문 원전에 접근하는 나름의 노하우도 알고 있었기에 쉽게 시작할 수 있었다.

바로 이런 점 때문에 20대에는 알아듣든 못 알아듣든 독서의 폭을 최대한 넓혀놓으라는 것이다. 정 읽기 싫으면 표지라도 구경해놓는 것이 좋다. 이때는 무모하게 덤벼드는 게 두렵지 않은 나이다. 무모한 도전을 통해 자신이 넓혀놓은 독서의 폭만큼 인생을 살아가는 데 생각과 성찰이 풍부해지고, 글쓰기에 활용할 수 있는 내공도 단단해진다.

그 출발점은 쉽고 야무진 '철학개론'서를 하나 장만하는 게 될 것이다. 그 안내에 따라 원전읽기에 도전하는 것이다. 못 알아들어도, 굳이 완독하지 않더라도 그 향취를 느껴보는 것만도 의미가 있다. 중국 고대 사상은 펑유란의 『중국철학사』 1권이 압도적으로 정리가 잘 돼 있어서, 입문서로 좋을 거다.

5 고전의 즐거움

영화 〈신과 함께〉를 보면서 나는 『신곡(지옥편)』과 『서유기』의 향기를 느꼈다. 작가가 의도했던 것인지는 잘 모르겠다. 다만 내겐 옛 고전에서 영감을 얻는 현대적 창작물로 느껴져 더 인상 깊었다는 얘기다. 작가가 의도하지 않았다 하더라도 이런 고전의 잠재적 영향력이 창작으로 이어졌을 거라는 생각이 들었다.

『서유기』는 현대 창작물에도 지대한 영향을 미치는 고전이다. 포켓몬, 드레곤볼 등 아이들 만화의 원형이기도 하고, 많은 로드 무비에서도 그 흔적을 발견할 수 있다.

최근에 중국 드라마 〈삼생삼세십리도화〉를 재미있게 본 적이 있다. 처음 이 드라마에 흥미를 느꼈던 지점은 바로 등장인물들에 대한 관심이었다. 이 드라마에는 천계의 신들이 나온다. 나는 도교의 신들을 따로 공부한 적이 없음에도 등장인물들의 내력을 쉽게 알 수 있었는데, 이는 『서유기』 덕분이었다. 제천대성 손오공이 천상계에서 행패를 부리는 장면에 도교의 신들이 총출동하다 보니 저절로 익히게 된 것이다. 또 이 드라마에는 『산해경』에 등장하는 지명과 동식물들이 인격을 가진 주체로 나온다. 이런 상상력은 매우 신선했다.

고전은 단순히 옛날 얘기가 아니라 이처럼 현대적 창작물에도 곧바로 소환해서 쓸 수 있는 소재다.

세계관을 바꾸는 고전

머리 위에서 천둥번개가 치고, 머릿속에서 지진이 일어나는 듯한 경험을 안기는 책들이 있다. 내 경우에는 둘을 꼽을 수 있는데, 하나는 아놀드 토인비의 『역사의 연구』이고, 다른 하나는 『한비자』이다.

나는 역사를 좋아해서 한때 사학자가 되고 싶다는 생각을 한 적도 있었다. 그리고 역사와 관련된 독서도 꽤 했다고 자부했다. 그러나 대학 졸업 무렵 처음 손에 잡은 『역사의 연구』는 첫 장을 펼쳐든 순간부터 전율과 놀라움의 연속이었다. 내가 알고 있던 역사가 아니었다. 하나의 역사적 주제를 잡고 인디언 문명부터 그리스 고대 문명과 중국까지 종횡무진하며 문명을 탐색해나가는 기법은 경이로웠다.

인간은 거친 자연을 개척해 문명을 만들지만, 인간이 돌보지 않으면 자연은 문명을 다시 거친 황야로 되돌려버리는 이치 앞에서 '문명을 유지하기 위해 사람은 얼마나 애써야 하는지'를 생각했다.

그러면서 '도대체 얼마나 공부를 하고, 얼마만큼의 통찰력을 가져야 이런 글을 쓸 수 있을까.'를 생각했다. 이 책으로 인해 나는 '교만해질 틈'도 '게으를 틈'도 없다는 것을 깨달았다. 세상엔 너무나도 큰 글과 내 상상의 범위를 벗어나는 거대한 통찰력들이 도처에 존재하고 있었다. 나의 작은 재주와 성취를 뽐내는 건 얼마나 우스운 일인가. 세상엔 대가들이 이렇게 많은데.

『한비자』는 인간의 적나라한 모습을 어떻게 이렇게 세밀하게 묘사할 수 있는지, 잘난 척하지 않고 착한 척하지 않는 글이 얼마나 호소력이 있고 무서운지, '사악한' 내용을 냉정하고 논리적으로 쓸 때 얼마나 진정성과 호소력이 있는지를 가르쳐준 책이었다.

이 책은 10여 년 동안 우리 집 책상 위 독서대 위에도 펼쳐져 있었고, 회사에 있는 내 책상 위 독서대 위에도 펼쳐져 있었다. 굳이 번역본이 아니더라도 그의 원문은 직관적이고 수려해서 한문 초심자에게도 쉽게 읽힌다.

우리나라 독자들이 잘 모르는 한비자에 대해 소개하고 싶어서 그의 원문을 쉬운 현대 글로 번역하기도 했고, 해설서 형식으로도 써보는 등 여러 시도를 하다가 결국 소설로 써냈다.

글쓰기로만 보자면 내가 보기에 한비자의 글은 전형적인 저널리즘 글쓰기다. 분명하고 직관적이고 강하고 쉽다. 그의 글은 현대적 칼럼으로도 빠지지 않는다. 논리 전개 방식이 탄탄하고, 자신의 주장을 뒷받침하기 위해 사례를 끌어 쓰는 기법도 세련되고 거침이 없다. 또 〈설림〉〈내저설〉〈외저설〉편의 스토리 모음집은 풍부한 취재자료의 성격을 띤다. 기술한 방식 중엔 기사의 스케치와 유사한 것들도 많다. 여기에서 나온 스토리들은 이후 편찬된 사마천의 『사기』와 중국의 소설 등 여러 책들에도 그대로 인용되고 있다. 노자 해설서인 〈유로〉〈해로〉편은, 나에겐 노자 입문서였다.

내 칼럼은 아마도 한비자의 영향을 가장 많이 받았을 것이다. 나중에 칼럼 쓰기에 대한 책을 낼 때는 한비자를 중심으로 한 칼럼 기법을 써볼 생각이다.

지진의 발원지는 나 자신

그렇다면 지진의 발원지는 책일까.

언제나 사물은 중립적인데 활용하는 사람에 따라 사물은 선도 되고 악도 되고, 도구도 되고 흉기도 되며, 의미 있는 것도 되고 무의미한 것이 되기도 한다. 책은 중립적이며, 모든 발원은 자기 자신에게서 이루어진다.

특정한 책을 보며 머릿속에 지진이 일어났다면 그건 평소 고민하고 의심하던 문제에 대한 답의 실마리를 찾게 되는 경험 때문일 것이다. 우연히 옛날에

토인비에 대해서 내가 썼던 메모를 찾았는데, 이를 보면 확실하다는 생각이 든다. 메모는 거칠고 미성숙하지만 당시의 느낌을 살리기 위해 원문 그대로 소개하자면 이렇다.

> 문명을 일으키는 인간과 문명을 뒤덮는 황야의 끝없는 대결.
> 착하고, 순응하고, 자연의 위압을 두려워하는 인간은 황야와 대결할 수 없다.
> 거역하는 인간, 대립하는 인간, 갈등하는 인간이 문명을 건설한다.
> 인간의 착함은 인간세상을 일으키고, 부흥시키고, 건설하는 원동력은 되지 못 한다. 문명만이 인류를 보호하고 인간을 인간답게 살도록 하는 것. 결국 갈등과 대결의 본능이 인간을 보호하는 것은 아닐까.
> 지성과 성찰. 무엇과 대결할 것이며 무엇을 보호해야 하는지 판단하고 분류하기 위해 지성을 기르고 성찰해야 한다.
> 토인비는 도전과 응전의 역사에서 '경험의 위험성과 무력함'에 대해 경고했다. 고정관념과 금기에 대한 도전이 문명을 지키려는 자의 사명은 아닐까.

나의 젊은 시절은 여성에 대한 고정관념이 강했었고, 여성의 사회 진출 사례도 많지 않았고, 메인 스트림으로 들어가는 것은 어려웠다. 나는 그런 사회에 대한 거부감이 아주 강했던 마이너리티였다. '거역하는 인간'으로 살아야 할 이유를 찾는 것이 당대의 내 과제였고, 토인비는 내게 가장 그럴싸한 '문명적 이유'를 제공해 주었다.

이처럼 책은 나의 존재가치를 지지하고, 지탱하는 논리를 제공한다. 이 세상을 거쳐 간 사람들은 이미 온갖 종류의 고민들을 했고, 그에 대한 해답을 찾아냈다. 책을 뒤져보면 반드시 나의 고민과 사상을 지지해주는 생각을 만나게 된다. 세상엔 모든 종류의 책과 생각이 이미 존재한다. 혹자가 말하기를, 인간 세상의 지식 99%는 이미 고대에 완성되었고, 그 이후의 지식들은 모두 고대 지식에 대한 해설서라고 했다.

고전이 고전으로 남은 데는 이유가 있다. 독자들에게도 머리에 지진이 일어나는 경험을 주는 책은 고전일 가능성이 크다. 그러므로 시간 날 때마다 유명한 고전들은 한 번씩 들춰볼 필요가 있겠다.

문장의 전략

문장은 누구나 만들 수 있다. 한글만 쓸 줄 알면 말이다. 앞에서 말한 글의 리듬과 호흡, 최소한의 문법과 띄어쓰기·맞춤법만 기억해도 좋은 문장을 얼마든지 만들 수 있다. 게다가 시중에는 문장 만들기에 도움을 주는 책들이 지천이다.

그럼에도 글쓰기는 늘 어렵다. 문장력을 탓한다. 매끄럽게 글을 쓰는 기술이 부족함을 한탄한다. 하나 문장력은 기술이 아니다. 반복적으로 말했지만 문장은 쓰는 사람과 읽는 사람이 서로 알아들을 수 있으면 된다. 잘 생길 수도 있고, 못 생길 수도 있고, 매끄러울 수도 있고, 우둔해 보일 수도 있다. 어떤 문장이든 문장의 기술만 알면 문장은 잘 만들 수 있고, 태생적으로 문장의 재주를 타고난 사람들은 머리에 든 게 없어도 저절로 문장을 엮을 줄 안다. 실제로 내용은 없는데 문장을 엮는 기술만으로 이름을 날리는 작가들도 있다.

내가 생각하는 문장력이란 문장의 테크닉이 아니라 문장을 끌고 나가는 힘이다. 이는 문장 하나하나를 떼어서 연구하고, 문장 만들기의 디테일한 기술 연마에 몰두한다고 해서 알게 되는 게 아니다. 하고 싶은 얘기가 많다고 해서, 아는 내용과 지식이 많다고 해서 저절로 생기는 것도 아니다. '글'과 '나'를 동시에 알아야 한다. 도대체 왜 나는 글을 쓰려고 하는지, 글쓰기는 왜 어려운지를 총체적으로 이해하고, '글'을 자기 안에 품어 안을 수 있을 때 비로소 글에 접근할 수 있다.

1 서사의 욕망

글쓰기에 대한 욕망이 지속되는 건 사람들마다 '서사(敍事)의 욕망'을 타고나기 때문일 것이다. 서사란 이야기다. 사전적 의미로는 '있는 사실을 그대로 기록하는 것'이다. 즉 내 얘기를 남들에게 해주고 싶은 욕망, 나를 알리고 싶은 욕망, 인정받고 싶은 욕망, 남의 삶을 들여다보고 싶은 욕망…. 이는 하나의 완결된(듯 보이는) 이야기를 통해서 전달할 수 있다.

이야기는 글을 통해서 전달된다. 물론 요즘은 영상과 동영상 시대다. 요즘 사람들은 자신이 먹는 밥상도 사진으로 찍어 올리고, 세상을 모두 담을 듯이 휴대폰 카메라를 아무 데나 들이댄다. 이 모두가 서사의 욕망이 발현된 것으로 볼 수 있다. 미친 듯이 영상으로 기록하고 남기는 이 시대, 영상이 판을 치는 시대에도 활자, 글쓰기의 욕망은 줄어들지 않는다.

왜 그럴까?

동영상이 담아내지 못하는 마음속을 보여줄 수 있기 때문이다. 글이란 외면을 비추는 카메라에는 잡히지 않는 내면의 세계를 조명한다. 인간에겐 외적인 세계와 내적인 세계가 동등하게, 어떤 경우엔 내적인 세계가 더 중요하게 작동한다. 이 때문에 동영상이 아무리 발전해도 활자를 대체하지 못한다.

서사의 욕망, 분식(粉飾)의 욕망

서사는 있는 그대로의 사실에 대한 이야기다. 그런데 글을 쓰고, 이를 다른 사람 앞에 드러내야 하는 단계에선 서사대로 흐르지 않는다. 있는 대로 비추는 영상도 편집을 하고, '포샵'을 한다. 치장하고 꾸며서 좋게 보이려는 '분식'의 욕망은 순간순간 작동한다. 분식이란 내용 없이 거죽만 좋게 꾸미거나 실제보다 좋게 보이려고 사실을 숨기고 거짓으로 꾸미는 일이다.

글은 더 심하다. 자기 자랑을 깨알같이 하고 싶은데 자랑하는 것처럼 보이지는 않았으면 좋겠고, 착한 척하는 게 아니라 본질이 착한 사람으로 비춰졌으면 좋겠고, 아는 척하는 게 아니라 진짜 유식한 사람처럼 보였으면 하고….

자신에 대한 '분식'의 욕망은 글을 쓰기 어렵게 한다. 머릿속이 혼란스럽고, 얕은꾀들로 어지러운데 글이 어떻게 질서정연하게 나오겠는가. 자신을 진솔하게 드러낼 수 있는 용기, 자신을 놓아버릴 수 있는 허심(虛心)을 얻어야 비로소 글이 시작된다.

물론 분식으로 점철된 글도 있다. 사람들은 그의 글을 통해 '이 사람은 아예 얼굴에 철판을 깔기로 했구나.'하고 알아본다. 하지만 이런 글을 쓰는 사람들은 오히려 동요가 없다. 아마도 실제로 그런 마음을 먹었거나 그렇게 믿고 있을 거다. 자신의 무결점에 대한 확고한 확신 같은 것 말이다. 어쨌든 그는 혼란을 벗어났기에 글을 쓸 수 있다.

분식의 유혹은 글을 쓰는 사람마다 겪는 일이다. 실제로 글을 잘 쓴다는 사람들도 한두 군데 분식을 집어넣기도 한다. 그런데 그런 부분은 독자들에게 다 들킨다. 사람들 마음은 대개 비슷해서 그 의도가 쉽게 읽히기 때문이다.

차라리 솔직해지는 게 낫다. 자기 자랑을 하고 싶으면 호탕하게 '나, 내 자랑 좀 하겠소.'하고 대놓고 자랑해도 된다. 착한 척하고 싶으면, '나, 이렇게 착한 사람이에요.'하고 읍소해도 된다. 숨기려고 애쓰다보면 글 쓰는 일만 어려워지고, '비겁'이 습관이 된다. 비겁보다는 뻔뻔한 게 낫다.

분식의 욕망을 똑바로 직시하고, 이를 어떻게 처리할지 전략을 세워야 한다.

2 글의 공간에 대한 이해

글쓰기는 누구에게나 어렵다. 글쓰기로 먹고사는 나 같은 사람도 마찬가지다. 가장 큰 이유는 글쓰기 공간의 질서와 삶의 공간의 질서가 다르기 때문이다.

두서없는 일상, 질서정연한 글
일상의 공간, 예를 들어 식당에서 밥을 먹는 광경을 상상해보자.

사람을 만나서 얘기를 하고 있는데 전화가 걸려와 받으니 휴대폰 판촉 전화다. 종업원은 와서 밥을 내려놓고, 물을 달라고 하자 물은 셀프란다. 숟가락을 들다 말고 물을 뜨러 가고, 물을 떠오니 상대방은 문자메시지를 한다.

일상의 공간에선 모든 일들이 뒤섞여 두서없이 일어난다. 일상을 글로 옮기면 전혀 글이 되지 않는다. 글만 안 되는 게 아니다. 대화도 어렵다. 내가 좋아하는 말은 아니지만, 흔히 '아줌마 화법'이라 불리는 습관이 있다.

어떤 일을 설명하기 위해 전후좌우 사정을 다 묘사하고, 그 사이사이 자신의 심정과 판단까지 끌어들이며, 그 사이 일어났던 소소한 사건들을 복기하고, 얘기에 등장하는 인물들이 어떤 사람인지를 알려주기 위해 과거에 일어났던 여러 에피소드를 나열하는 등 시시콜콜하게 얘기하는 것을 말한다. 이런 대화법은 결국 듣는 사람의 인내심을 바닥나게 한다. 그러다 이 대화의 와중에 누군가 "그래서 네가 하고 싶은 얘기가 뭐야? 요점만 정리해봐."라는 말이 나오면, 화자는 화를 내고 다툼이 시작된다.

일상이 돌아가는 순서는 뒤죽박죽이고, 사람들의 관계는 난마처럼 얽혀 있고, 원인과 결과는 모호하고, 전후좌우 사정은 딱 떨어지지 않는다. 삶은 요점 정리된 상태가 아니라는 말이다. 이걸 다 말로 표현하려니 말은 두서없어지고, 상대의 짜증을 유발하게 되는 것이다.

  그러나 글은 질서정연해야 하고, 정리되어 있어야 하고, 불필요한 부분은 제거해야 하고, 관계는 명료해야 한다. 뒤죽박죽인 일상을 단순화하고, 한 마디로 정리하는 훈련을 하지 않으면 글쓰기는 어려워진다. 말 잘하는 사람이 글도 잘 쓰는 경향이 있다. 그만큼 정리하는 능력, 주제를 뽑아내고 곁가지들은 털어내는 능력이 있어서다.

  일단 자신의 말을 먼저 돌아보도록 하자. 말하기 시작하면 주위 사람들이 흥미를 가지고 듣는지, 요점이 뭐냐며 투덜거리는지 말이다. 그런데 말은 말로 고치는 것보다 글로 고치는 게 방법일 수 있다. 나는 말로 설명하는 게 더 힘이 든다. 그래서 긴 설명이 필요한 경우는 주로 글로 써서 보내겠다고 한다.

  글은 생각하고 정리해서 쓸 수 있고, 상황을 단순하게 설명할 수 있고, 잘못 썼으면 고칠 수도 있다. 장황하고 횡설수설하는 말을 가진 사람일수록 글로 쓰면서 단순화하는 연습을 하면 정돈된 말을 하게 되지 않을까.

  일기를 써보는 것도 좋은 연습이다. 내 초등학교 시절에는 '일기 쓰기'가 숙제였다. 일기 쓰기는 글쓰기 훈련으로 좋은 방법이다. 두서없는 하루 일과 중 주제를 뽑아내고, 단순화해서 정리하는 연습은 문장력을 기르는 기본이기 때문이다. 이에 덧붙여 일기를 읽어보면서 장황하거나 자세히 묘사하려고 애쓴 쓸데없는 장면들을 지워버리고, 이를 한 줄로 줄이는 '촌철살인'의 문장으로 표현하는 것. 일기쓰기를 스스로 첨삭하는 노력을 해보면 더 좋을 것이다.

장황하게 말하는 사람들 중엔 자기애와 아집이 강한 경우, 반대로 자신감은 떨어지는데 자존심은 센 경우가 많다. 글쓰기를 망치는 대표적인 성격들이다. 자신이 쓴 글을 보면서 너무 자세히 쓰려고 하고, 장황하고, 자기정당화를 위한 표현이 많이 보이면 스스로 자기애와 아집에 갇혀 있는 건 아닌지, 나에 대한 자신감은 낮은데 돋보이고 싶은 욕망이 지나치게 큰 건 아닌지 자문해볼 필요가 있다. 자신을 놓아야 글이 나온다.

차원의 이동

우리는 3차원에 묶여 살지만, 글은 차원을 이동한다. 글은 시간과 공간의 제약을 받지 않는다는 말이다. 글은 과거와 현재를 넘나들고, 순간적으로 히말라야에 갔다가 우주로 날아가기도 한다. 내 생각과 남의 생각, 타인들의 정신세계를 넘나들기도 한다.

 글은 경계가 없다. 일상에선 도달할 수 없는 무변광대(無邊廣大)함. 그것이 글의 세계이고, 인간의 정신세계이기도 하다. 사람은 몸은 3차원에 묶여 있어도 정신은 차원을 넘어 어느 시간, 어느 공간에든 존재할 수 있다는 것이다.

 이 점이 글의 매력이기도 하고, 어려움이기도 하다. 이 책에선 틈만 나면, 원리주의를 경계하고 편협함을 극복하라고 권했다. 바로 이 때문이다. 자신의 정신세계는 우주를 휘저을 만큼 능력이 있는데, 자신이 묶여 있는 3차원 공간만이 진리인 양 끌어안고 놓지 않으면 차원을 넘나드는 글의 세계에 어떻게 들어가 볼 수 있겠는가.

 글의 다차원성은 또한 글을 통한 선전·선동이 가능하게 하는 지점이기도 하다. 그래서 역사상 많은 권력자들이 글로 선동하고, 그런 한편으론 글을 두려워해 단속하고 심지어 탄압하기도 했다. 이런 탄압의 집단기억은 글을 쓰는 사람들에게 '자기 검열'의 압박감을 느끼게 하고, 독자들에게는 특정한 뉘앙스의 글들을 경계하는 집단심리로 나타나기도 한다.

  실제로 글의 다차원성은 천사의 세계로 가는 길을 열어줄 수도 있고, 악마의 세계로 끌고 갈 수도 있다. 그러나 나는 가만히 있는데 글이 능동적으로 나를 끌고 다니지는 않는다. 글은 중립적이다. 그것에 선악을 부여하는 것은 나 자신이다. 그래서 자기 수양이 먼저 이루어져야 하는 것이다.

타인을 위한 나의 일

글쓰기는 지적 · 정서적 사회활동 혹은 사회적 노동이다. 글쓰기를 자신의 정신적 자유를 구가하는 행위이며 순전히 자신을 위한 것이라고 오해해선 안 된다. 혼자 있을 때 편안하고 자유로운 것은 교감 · 공감 · 이해 · 배려 등 사회적 관계에서 행해야 하는 수많은 감정에서 해방된 자유로움 때문이다.

  그러나 그 해방된 자유의 공간에 앉아 글을 쓴다고 해서 그것이 순전히 자신의 해방을 위한 것은 아니다. 인간은 해방과 초월을 동경하면서도 타인 혹은 사회와의 교류를 끊을 수 없는 존재이고, 스스로 놓으려고 하지도 않는다. 그러므로 해방된 자유의 공간에 홀로 앉아 사회와 관계를 맺기 위한 글을 쓰는 것이다. 옛날 중국 이야기 중에 이런 얘기가 있다.

  도법이 높고 속세를 초월해 존경을 받는 도사가 높은 산 위에서 혼자 살았다. 산간 마을의 사람들은 그가 지나가면 무릎을 꿇고 경외했지만 그는 늘 보지 못한 듯이 홀로 유유자적 자기 길을 가곤 했다. 그러다 산간 마을에 큰 재앙

이 닥쳐 더 이상 살 수 없게 되자 동네 사람들은 모두 짐을 싸서 이사를 갔다. 그러자 그 도사도 동네 사람들이 이사 간 마을의 산 위로 이사를 갔다.

초월한 듯 보이는 도사도 '타인이 존재함으로써 자신의 초월성을 인정받을 수 있음'을 알고 있으며, 그 인정받으려는 욕구를 놓지 못하는 것이다.
글쓰기는 나의 행위이지만 타인을 위한 것이다. 타인이 알아듣도록 써야 한다는 말이다. 나는 앞에서 화자가 아니라 청자와의 관계를 고려해 존대를 결정하는 '압존법'은 활용하지 않는다고 했다. 그런 대화법이 지나치다는 생각에서다. 그러나 그러한 정신과 태도, 즉 듣는 사람의 입장과 관점에서 바라보는 태도는 글쓰기에서 요긴하다.
글쓰기는 독자에 대한 배려의 장치를 실제로 하고 있다. 어린이 책은 어린이의 용어로 쓰는 것이 그렇다. 내가 I부에서 강조한 한글의 '리듬과 호흡'을 익히는 것도 모두 타인을 위한 배려의 장치다.

그러나 잊지 말아야 할 것은 글쓰기는 내 이름을 걸고 하는 '나의 일'이라는 점이다. 내 생각, 나의 정신세계를 보여주는 것, 나의 품격과 수준을 드러내는 것이 글쓰기다. 또한 그러한 내가 이 세계와 조화를 이룰 수 있다는 것을 보여주는 것이 남을 위한 나의 글쓰기다.
그러므로 마음에 꺼려지는 글을 쓸 때에는 늘 조심해야 한다. 자신이 아닌 남의 생각에 기준을 맞추어 '용비어천가'를 바치고, 타인의 신념 혹은 자기 진영의 신념이 마치 자기 신념인 양 세뇌당해 '나팔수'의 글을 쓰는 일은 경계해야 한다.

글이란 생각보다 강한 도구여서 남의 생각에 이용당할 경우 스스로 '선동꾼'이 될 수도 있고, 자신의 인품과 인격이 무너질 수도 있다. 자신을 지키는 강한 정신을 갖는 것은 중요하나 쉬운 일은 아니다. 각오를 단단히 해야 한다. 그렇게 삶으로써 입는 손해를 감수해야 할 뿐 아니라 남과 같지 않음에 쏟아지는 오해와 비난에도 노여워하지 않고 평온한 마음을 유지할 수 있어야 한다.

 나는 그런 정신을 '강물과 같은 것'이라고 생각한다. 경직되거나 고여 있으면 부러지거나 썩는다. 유연하게 흘러가야 하고, 물 밑은 울퉁불퉁하더라도 그 차이들을 메우며 표면은 평평한 상태로 흐르는 물과 같은 정신을 찾는 것. 그것이 좋은 글쓰기가 주는 선물과 같은 상태일 것이다.

 각자 인간세상에서 자신의 위치를 찾고, 그 안에서 자신의 정신을 맑고 온전하게 지키는 나름의 전략을 찾기 바란다.

모방의 전략

모방은 '창조의 어머니'. 사람은 모방을 배워 새 것을 창조하는 존재다. 학습, 공부라는 건 결국 따라하는 과정이다. 선생이 가르치는 건 모방의 기술이다. 배울 수 있는 것, 가르칠 수 있는 것은 모방밖에 없다.

예전에 골동품 진품과 가짜를 구별하는 법을 들은 적이 있다. 골동품 구별은 눈으로 하는 것이므로, 구별해내는 눈을 갖는 것이 관건이다. 이런 눈을 갖는 방법은 오랫동안 '진품만 보는 것'이란다. 진품을 보는 눈만 있으면, 진짜가 아닌 것이 가짜이므로 쉽게 가릴 수 있다는 것이다. 그런데 처음부터 진짜와 가짜를 섞어서 구별해내도록 테스트하며 가르치면 진짜를 구별하지 못한단다. 운으로 때려 맞추려는 의욕이 눈을 가려, 진품을 보는 눈이 떠지지 않는다는 거다. '나의 글쓰기'를 찾아가는 학습과정으로서의 모방은 골동품을 감별하는 눈을 키우듯 해야 한다. 가짜에 현혹되지 않고, 진짜를 찾는 전략이 필요하다.

지금까지 독자 여러분은 눈과 머리만 가지고 따라오면 됐다. 하지만 이제부터는 실전이다. 각자가 스스로 연습을 하고 품을 들여야 한다. 자신의 연습과 노력에 따라 이 책이 독자 여러분의 책이 될지, 여전히 '양선희의 책'으로 남을지 결판이 날 것이다. 나는 나의 방법론만 얘기할 터이니 여러분은 여러분만의 방법론을 찾기 바란다.

1 독서에서 글쓰기로

앞에서 과잉독서의 폐해에 대해 얘기했다. 독서는 날 것으로 배출하기 위해 하는 것이 아니라 소화시켜 그 영양분을 내가 흡수해 성장의 토대를 만들기 위해서 하는 것이라고 말이다. 책을 흡수하는 방법은 글쓰기와 연결되어 있다.

베껴 쓰기

나는 초등학교에 다닐 때, 선생님이 베껴 써오기 숙제를 내줄 때마다 한심하다고 생각했었다. '책만 펴면 나오는 걸 왜 자꾸 베껴오라는 걸까.' 짜증나고 귀찮았다.

베껴 쓰기는 아주 오래된 고전적 학습 방법이다. 여기에 암기하기와 요약하기를 합치면 3대 고전적 학습방법으로 꼽을 수 있다. 요즘 학교에선 이런 학습방법을 활용하는지 잘 모르겠다. 하지만 생각해보면 '고전은 다 고전인 이유'가 있듯이 오래된 학습방법은 다 그만한 이유가 있다는 걸 알게 된다.

나는 대학원에 다니면서 2년 정도 교단에 선 일이 있는데, 엉터리 선생이었다. 대학원 졸업 후 기자가 되고 10여 년이 지난 후에야 내가 얼마나 터무니없는 엉터리 선생이었는지 자각이 들기 시작했다. 이 젊은 날의 실책들을 어떻게 만회해야 할지 알 수 없어서, 내가 한 일이 사범대 대학원 박사과정에 진학해 다시 '교육'에 대해 공부를 한 것이었다. 뜬금없는 내 교육학 박사학위도 그래서 생긴 거다.

어쨌든 덕분에 나는 찬찬히 교육방법론을 되짚어볼 기회를 얻게 됐다. 그 과정에서 깨달은 게 '고전적 학습방법'의 재발견이다. 잠시 주제에서 옆길로 새는 경향은 있지만 한 가지는 짚고 넘어가고 싶다. 예를 들어 '암기 위주 학습법'에 대한 거부감, 즉 암기를 회피하는 학습의 위험성에 대한 얘기다.

어린 아이에게 논리구성법과 판단력을 교육한다? 쌓인 것도 없이 무엇으로 논리를 구성하고 판단을 할 수 있을까. 또 질문하는 아이로 만들라고 한다. 그래서 질문을 하라고 다그친다. 물론 뛰어난 아이들이 있다. 상위 1~2%의 아이들은 판단도 하고, 질문거리도 많을 거다. 아이에 따라 자기가 좋아하는 분야와 궁금한 분야도 있을 거다. 이런 아이들은 하지 말라고 해도 질문을 하고, 판단을 하고 발표도 한다.

그러나 궁금하지 않거나 질문할 게 없는 아이들도 있다. 사람은 모두 다르고, 아이들도 모두 다르고, 발달단계도 모두 다르다. 특히 어린 아이의 경우는 모든 부분에서 섬세하게 차이가 난다.

사람은 완성된 상태로 태어나지 않는다. 발달단계니 성숙의 과정이니 하는 건 이미 앞에서 말한 바다. 은행에 잔고가 있어야 돈을 쓸 수 있듯이 먼저 쌓아놓은 게 있어야 쓸 것도 있다. 학교에 다니는 시기는 '축적의 시간'이다.

천재로 태어난 아이들은 이 시기에 이미 논리를 구성하고, 판단을 하겠지만, 평범하게 태어난 아이들에게도 이 시기는 논리를 만들고 판단의 근거가 되는 자료들을 쌓아놓는 중요한 시기다. 쌓아두는 장소는 두뇌이며, 방법은 암기가 최고다. 다행히 그러라고 이 시기에는 암기력이 대단히 발달해 있기에 이 재능을 십분 활용해 암기를 독려해야 한다.

궁금한 게 없고 질문도 하지 않는 아이가 있다면 궁금한 게 없다고 걱정하지 말고, 차라리 뛰어난 암기력을 키우도록 교육하는 게 낫다. 지금의 나를 지탱하는 건 어린 시절 암기해두어 기억에 쌓여있는 지식들이다.

남의 글로 내 글을 업그레이드하다
예전에 우리 회사 신입기자 교육에 강의를 하러 갔을 때, 나는 강의를 하지 않고 인터뷰를 하자고 했다. 신입기자들이 질문하고, 내가 대답하는 방식이었다. 어차피 기자란 질문하는 사람인데, 질문하는 법이나 연습하는 게 낫지 내 강의가 그들에게 무슨 큰 의미가 있겠느냐는 생각에서 했던 방식이었다. 그 시간이 끝나고 내가 그들에게 했던 말은 이거였다.
 "내가 이 방을 나가면, 여러분 머릿속엔 내 대답이 아니라 자신이 했던 질문만 남을 것이다."
 사람은 자기 것에 몰입하는 존재다. 남의 것엔 큰 관심이 없고, 기억에 오래 남지도 않는다. 내가 쓴 글의 문구는 이 나이에도 저절로 암기되어 남아있지만, 남이 쓴 글은 유명한 문구도 어사무사하다.

 한데 남의 글이어도 내가 베껴 써서 읽으면, 내 글처럼 읽힌다. 베껴 쓰기의 강점은 바로 그 점에 있다. 문장을 쓴다는 것은 초고를 쓰고, 고치는 작업을 반복하는 것이다. 그런데 문장 연습을 하자고 완성된 글 한 편을 처음부터 창작해 쓰는 것은 쉽지 않다. 마음에 드는 좋은 글 한 편을 베껴 쓰고, 베껴 쓴 글을 자기 스타일로 퇴고첨삭하며 고쳐 쓰다 보면 다른 사람의 문장을 통해 자신의 문장력을 기르는 방법을 찾게 된다. 이때, 남의 문장을 고쳐 쓰는 게 아니라 내 문장과 표현으로 바꿔 쓰는 게 중요하다.

남의 지식을 내 것으로

베껴 쓰기는 또한 남의 지식을 내 것으로 만드는 가장 좋은 방법이다. 최근에야 알게 된 사실이다. 나는 〈한비자〉를 통째로 다시 써보면서 이전 10년 동안 알게 된 것보다 더 많은 것을 알게 됐고, 더 확실하게 내 지식으로 만들게 됐다.

〈한비자〉를 베껴 쓴 경위는 이렇다. 몇 년 전 한비자 소설『적우(敵友)』를 낸 후 여러 사람에게서 "소설을 읽고 한비자 원전을 읽는데 어렵다."는 말을 듣고, 나도 원전을 다시 보게 됐다. 〈한비자〉처럼 직관적이고 명료한 글이 왜 어려운지 이해가 되지 않아서였다.

그렇게 들여다보니 한글로 번역되어 있는 글이 좀 어려웠다. 한문을 깊이 공부한 한학자들이 주로 번역하다보니 고어체인 경우도 있고, 학술적 문장이어서 쉽게 읽히지 않는 경우도 있었고, 고대 한문을 번역한 논리와 근거에 대한 기술적 설명이 많다보니 전문가가 아닌 경우에는 너무 디테일해서 오히려 접근하기 어려운 경우도 있었다. 보통의 독자들에겐 보통의 글, 쉬운 글로 표현한 책이 필요하다.

그래서 원문을 한글로 베껴 썼다. 한학자들의 섬세한 번역 방식이 아닌 아마추어의 직관적 번역으로 말이다. 그러다 알게 됐다. 읽는 것과 베껴 써보는 것은 지식의 차원이 달라진다는 것을 말이다.

누구에게나 '인생의 책'이 있다. 그 책을 베껴 써보는 일에 도전해보는 것을 권하고 싶다. 컴퓨터로 쓰고 싶으면 컴퓨터로, 손으로 쓰고 싶으면 손으로 써도 좋다. 베껴 쓰는 동안 책을 읽기만 했을 때에는 알지 못했던 새로운 관점들이 눈에 들어온다. 지식이 확대되는 경험이다.

책을 그대로 베껴 쓰거나 외국어 원서를 번역해보는 것도 좋다. 원서를 번역할 때에는 용어와 문장에 신경을 써서 소위 '번역투'의 글이 안 되도록 주의하면서 써보면 좋을 거다. 베껴 쓰면서 중간 중간 주석을 달거나 자기 생각과 느낌을 써놓는 것도 좋은데, 이때는 글씨 색깔을 달리해 자신의 글임을 표시해두어야 한다.

그렇게 책 한 권을 내 것으로 만든 뒤 자신이 베껴 쓴 글을 다시 한 번 고쳐 쓰는 작업을 해보자. 이제까지 쌓아온 인프라를 총동원해 자신의 문체로, 자신이 중간에 기록해놓은 주석, 해석, 느낌 등을 다 섞어서 새로운 '나만의 책'으로 만드는 것이다.

그리고 나서 이 책을 지인들에게 읽어달라고 부탁해야 한다. 그들의 독후감을 들어보고, 독자들이 자신의 의도와 달리 이해한 부분이 있으면 그 부분을 기억해두고, 지인들의 좋은 아이디어도 보태서 다시 써야 한다. 책은 그렇게 세 번 정도는 완전히 다시 쓰는 과정을 거쳐야 한다.

책 한 권을 온전히 베껴 쓰고, 다시 쓰는(rewrite) 작업을 해보는 것이 '글쓰기' 책 100권을 읽는 것보다 문장력과 생각을 키우는 데에 도움이 될 거다.

요약하기

공부를 할 때는 노트필기를 해야 한다. 필기에서 중요한 게 요약하는 능력이다. 요약의 훈련은 글쓰기와 관련해 크게 두 가지 능력을 키워준다. 하나는 리터러시(literacy), 다른 하나는 글을 압축하는 능력이다.

먼저 리터러시. 리터러시는 읽고 쓰는 능력을 말하는데, 여기에선 글의 해독(解讀) 능력이라는 말로 사용하겠다. 즉 글씨는 아는데 책이나 글을 읽고도 무슨 뜻인지 알아듣지 못하는 경우를 '리터러시가 없다.'고 한다.

리터러시가 없는 이유는 여러 가지다. 책이 너무 어려워서. 내용에 동의할 수 없어서. 자신의 머릿속이 산만하여 글이 눈에 들어오지 않아서. 사고방식이 지나치게 완고해 다른 생각이 비집고 들어올 틈이 없어서….

문제는 다른 글을 해독하지 못하면 자기 글도 쓸 수 없다는 점이다. 자신이 글을 쓸 수 있는 사람인지 아닌지를 알아보는 방법은 남의 글을 읽고 해독하는 능력이 있는지 없는지부터 살펴보면 된다. 리터러시 능력은 글쓰기의 기초 중 기초이다.

리터러시가 떨어진다고 생각하면 요약하는 훈련을 열심히 하는 게 좋다. 요약 훈련의 첫 단계는 '줄치기'다. 책이나 글을 읽을 때 핵심적인 내용에 먼저 줄을 치고, 줄친 부분들을 연결해 글로 옮기면 된다. 글로 옮겨 놓고 읽어봤을 때, 이해가 되고 무리가 없으면 줄을 잘 친 것이다. 논리가 뒤섞이고 뭔가 이상하면 처음부터 줄을 다시 쳐야 한다.

그 다음 단계는 의미를 뽑아 자신의 언어로 요약하는 훈련이다. 나는 요즘 요약정리가 필요한 책을 읽을 때는 컴퓨터 앞에서 읽는다. 노트북이나 모니터를 눈높이에 두고, 그 앞에 독서대를 놓고 그 위에다 책을 놓고 펼쳐 읽으면서 무선 자판기로 필요한 부분들을 요약하는 방식이다. 이렇게 하면 책을 두세 번 읽을 필요 없이 요약본만 보고 정리할 수 있어 편리하다.

글을 압축하는 능력은 우선 장황하게 늘어진 상황들을 자신이 통제하고 정리할 수 있다는 것을 말한다. 일상의 공간과 글의 공간이 다르다는 것은 이미 앞에서 얘기했다. 일상의 어수선함을 정리하고 압축하지 못하면 글은 써지지 않는다.

또 이 능력이 중요한 것은 '글쓰기를 위한 자료'를 만들 수 있다는 점이다. 글쓰기용 자료를 관리하는 방법은 사람마다 천차만별이다. 나는 글 쓰는 일을 하는 사람치고는 자료 정리를 아주 못 하는 편이다. 자료 정리를 잘 하는 사람을 보면 늘 놀랍다. 품이 많이 드는 작업이다. 자료 정리를 잘 하는 동료는 자신이 읽은 책의 줄쳐 있는 장면을 찍어서 메모 앱에 주제별로 분류해놓기도 한다. 이런 자료를 많이 가지고 있으면 글을 쓰면서 적재적소에 딱 떨어지는 인용을 할 수 있다.

독서는 곧 자료를 만드는 작업이기도 하다. 자기만의 방법으로 수십 년에 걸쳐 축적하는 작업이다. 물론 자료 만들기 작업은 자신의 글 쓰는 스타일에 따라 달라질 수밖에 없다. 내 경우는 전체 내용을 이해하는 데 주안점을 두고 자료를 정리한다. 그렇다보니 인용구 정리가 아니라 내용요약이 주를 이룬다. 요약 방식은 책의 전개 방식을 따라 그대로 압축하는 게 아니라 내 이해의 흐름에 따라 요약한다. 사례를 들어 설명하는 게 좋겠다. 아래는 내가 병법서 『육도』(六韜)를 공부하면서 정리해 놓은 내용 중 첫째 권인 〈문도〉 부분이다.

　　　　-韜光養晦. 달빛 아래서 고요히 칼을 갈다
　　　　-군자는 군주와 뜻이 맞아야 긴밀히 화합하고 일이 이루어진다.
　　　　-사람에게 흥망의 이치를 묻다.
　　　　-화와 복은 군주에게 달려 있는 것이며, 하늘의 시운에 달려있는 것이 아니다.

〈백성〉
-천하는 군주의 것이 아니라 만인의 천하다. 天下爲公
-백성을 이롭게 해주고 백성의 이익을 해치는 일이 없도록 해야 한다.
백성의 것을 뺏지 않는 것만이 아니라 잃지 않도록 해야 이로워진다. 농사의 시기를 잃지 않도록, 죄 없는 자를 벌주지 않아 목숨을 잃지 않도록, 관원이 청렴하고 은혜로워 기쁨을 잃지 않도록 해야 한다. 신민과 이익을 다투어서는 안 된다.

〈신하〉
-군주는 군림하며 신하를 소원하게 대해서는 안 되고, 신하는 안정되게 보필하며 숨기는 것이 없어야 한다.
-신하의 말을 경청하는 태도. 경솔히 허락의 뜻을 표하지 말고 면전에서 거절하면 언로가 막혀서 이롭지 않다.

〈군주의 태도〉
-방지해야 할 3가지 행동 : 선한 것을 보고도 실천을 태만히 하고, 때가 됐는데도 의심하고, 그르다는 것을 알면서도 가만히 있는 것
-권장할 만한 4가지 행동 : 부드러우면서도 조용하고, 공손하면서도 근신하고, 때론 굽히면서도 때론 크게 펴고, 능히 참으면서도 초지일관하고.

-의로움이 욕심을 이기면 창성할 것이며, 욕심이 의로움을 이기면 망한다. 공손함이 태만함을 이기면 길하고 태만함이 공손함을 이기면 멸망한다.

〈군주의 용인-六守와 三寶〉
-육수: 仁·義·忠·信·勇·謨
부유하게 해준 뒤 법을 범하지 않는지 살피고, 존귀하게 해준 뒤 교만하지 않은지 살피고, 권력을 준 뒤 전횡하지 않는지 살피고, 중요한 사명을 맡기고 위아래를 속이지 않는지 살피고, 위기 상황에 처하게 한 뒤 두려워하지 않는지 살피고, 여러 일을 처리하게 한 뒤 계책이 궁핍하지 않은지 살핀다.
부유한데도 법을 범하지 않는 것이 인, 존귀한데 교만하지 않은 것이 의, 권력을 쥐고도 전횡하지 않는 것이 충, 중요한 사명을 맡고도 위아래를 속이지 않는 것이 신, 위기에서도 두려워하지 않는 것이 용, 일처리에서 계책이 궁하지 않은 것이 모이다.
-삼보 : 農·工·商
농민이 한 곳에 살도록 하면 곡식이 풍족해지고, 공인이 한 곳에 살도록 하면 기물이 풍족해지고, 상인이 한 곳에 살면 재화가 풍족해진다.

〈통치의 길〉
-부족한 것을 덜어내 남는 것에 덧붙이면 안 된다.

-군주는 반드시 나라의 재부를 늘리는 데 온 힘을 다해야 한다.
-부유하지 못하면 인을 행할 길이 없고, 베풀지 못하면 친족을 단결시킬 길이 없고, 친족을 소원하게 하면 해롭고, 백성의 지지를 잃으면 나라는 망한다.
-따르는 자는 인덕으로 대하고, 거스르는 자는 무력으로 제거해야 한다.

〈경계해야 할 인물들〉
-지략과 권모가 없는데도 후한 포상을 받고 높은 자리에 있는 자
-명성만 높고 실제로는 재능이 없는 자. 들고날 때 말이 다르고, 남의 결점만 부풀리고, 시류를 쫓아 교묘히 기회를 노리는 투기꾼 심보
-겉으로 소박함을 가장하는 자들. 입으로는 무위지치와 무욕을 떠들며 명예와 이익을 구하는 거짓된 자들
-자신을 거창하게 치장하는 자들. 널리 아는 체하며 떠벌이고, 현실과 동떨어진 공허한 얘기를 고담준론인 양 떠들며 자신을 미화하고, 은자인 양 행세하며 시속을 비방하는 간사한 자
-아첨과 참소를 일삼으며 구차하게 이익을 구하는 자. 수단방법을 가리지 않고 관직을 구하고, 과감히 몸을 내던지는 체하며 많은 녹봉을 챙기고, 국가대사보다 사리를 취하는 데 혈안이 돼 있고 허황된 이야기로 군주의 귀를 솔깃하게 하는 자
-거짓 방술과 기괴한 기예로 사람을 현혹하는 자들

〈용인의 실패는 군주 탓이다〉
-현자를 선발했는데도 용인이 서투르다는 지적을 받는 것은 헛된 명성만 좇은 나머지 진짜 현자를 발탁하지 못한 것.

〈잘못의 근원은 군주〉
-군주가 세인의 칭송을 받는 자를 현자로 생각하고, 세인이 비난하는 자를 불초한 자로 생각한다. 그렇게 하면 당우가 많은 자만 중용되고 그렇지 못한 자는 배척당한다. 간사한 자들이 패를 지어 현자를 덮어 가리고, 간신은 거짓 명예로 작위를 얻는다.

『육도』의 〈문도〉편은 문사, 영허, 국무, 대례, 명전, 육수, 수토, 수국, 상현, 거현, 상벌, 병도 등 12개 장으로 이루어져 있다. 그런데 이 메모는 원래의 편명을 따르지 않고, 내가 이해하기 편리한 방식으로 다시 정리한 것이다.

이런 요약 방식은 책의 내용 전반을 내 것으로 만들고, 이해하는 데는 좋다. 이 책 전체를 메모한 분량은 한글로 9000여 자, 원고지 50매에 못 미치는 정도였다. 『육도』는 원래 한자 수만 1만6800여 자에 이르는 꽤 긴 글이다. 이를 자신의 지식으로 소화하기 위해서는 이런 방식의 요약정리가 필요하다.

하지만 칼럼 등 글쓰기에 '인용 자료'로 활용하는 용도로는 불편하다. 인용을 위한 요약을 하려면, 어느 책, 몇 쪽, 구체적인 인용구 등을 명시해 놓아야 한다. 어떤 용도로 활용하기 위한 것인지에 따라 요약의 방법이 달라져야 한다.

2 표현력과 상상력

'표현력'과 '상상력'은 글쓰기에 없어서는 안 되는 무기다. 실은 이 능력이 없으면 좋은 글을 쓰기 어렵다. 그러므로 글을 쓰고 싶다면, 수단과 방법을 가리지 말고 표현력과 상상력을 길러야 한다. 이 두 능력을 동시에 기르는 방법으로 권하고 싶은 게 한문(漢文)으로 된 고전이나 한시에 도전해 보라는 것이다.

한문은 어렵다? 일단 해보면 생각보다 그렇지 않아서 당황스러울 수도 있다. 내 한문 실력이야말로 그저 그렇다. 약간의 한자와 중·고등학교 시절에 배운 한문의 기본적인 문법 정도만 아는 수준이다. 대학 시절, 그 실력으로 사서(四書)를 읽었는데, 생각보다 쉽게 해석이 되는 걸 보고 놀랐다. 이런 경험을 한 번 해보면 한문 고전에 도전하는 데 별로 경계심이 생기지 않는다. 오히려 우리한테는 고대 중국의 고전이 훨씬 쉽게 읽힌다. 내 경우, 조선 중기 학자들이 쓴 책은 건드려보지도 못 한다. 너무 어려워서. 우리 한문 교육이 고대 문자를 중심으로 이루어져서 그럴 수도 있다.

이 일은 겁만 내지 않으면 된다. 다 못 읽어도 된다. 나 역시 모르는 글자가 수두룩하다. 모르는 글자는 사전을 찾으면 된다. 한문 번역을 하다 보면 아는 글자도 사전을 찾게 된다. 이렇게 사전을 찾는 게 또 공부다. 읽다 보면 그 중 몇 문장 혹은 단어들 중 몇 개에 꽂히는 대목이 있을 거다. 그 단어 혹은 문장부터 시작하면 된다.

한문은 우리말로 번역하지 않았을 때, 오히려 그 자체로 '훅'하고 들어오는 감상, 느낌 혹은 감동 같은 것이 있다. 중국의 시나 부를 읽다 보면, 뜻으로 된 글자들로 조합된 언어의 축약미와 상징성 그리고 그 광활한 표현의 범위에 때론 감동이, 때론 미칠 것 같은 상념이 몰려들기도 한다. 어떻게 하면 단어 하나로 이 길고 복잡한 의미들을 이렇게 간단히 전달할 수 있을까하는 생각들. 그리고 이 복잡한 생각들을 우리말로 설득력 있게 풀어서 설명해보려고 애쓰다 보면 어휘력과 표현력이 부쩍 늘어난다.

한문과 놀기

한문은 압축, 한글은 풀어쓰는 데에 묘미가 있다.
 서로 체계가 다른 이 두 언어 사이를 누비다보면 우리 안에 잠자고 있던 상상력과 표현력이 저절로 고개를 들게 된다. 간단한 것부터 시작해보자.

생당부래귀 生當復來歸
사당장상사 死當長相思

 워낙 유명한 구절이어서 '또 이거냐' 싶기도 하겠지만, 그만큼 큰 공감을 받는 시구라는 얘기다. 내가 본 연시(戀詩) 중 최고로 꼽는 구절이기도 하다. 이 시는 중국 전한 시기, 흉노에 사신으로 가던 소무(苏武)가 길을 떠나기 전에 아내에게 남긴 시 〈유별처〉(留別妻)의 대목으로 알려져 있다.

산다면 반드시 돌아올 것이며(生當復來歸)
죽더라도 영원히 사랑하겠소(死當長相思)

 처음엔 이렇게 무난하게 해석하면 된다. 다음은 이 문구를 우리말로 상상하는 것이다. 이런 식으로 말이다.

생당(生當)을 어떻게 해석할까. '죽지 않으면' '목숨이 붙어 있는 한' '목숨이 다하는 순간까지'…

상사(相思)란 '서로 그리워한다.'는 뜻이다. '오랫동안 그리워하겠소.'라는 표현은 너무 밋밋하고, 죽었는데 어떻게 오래(長) 그리워한다는 말인가. 상사병(相思病)을 생각해 보자. 상사병은 사랑 때문에 목숨을 잃는 병이다. 상사는 단순한 사랑이 아니다. 그런 애끓는 그리움이다. 장(長)의 해석도 그렇다. 장은 길다는 뜻이지만, 이것이 쓰였던 다른 용례들과 연결해보면 단순히 '오래'라고만 하기에는 섭섭하다. 예를 들어 '주야장천'(晝夜長川). 여기에서 장은 끊임없이 흐르는 강물을 표현하고 있다. 끝나지 않는 '영원'의 뜻이다. 이를 글로 어떻게 표현하면 좋을까.

> 목숨 다하는 날까진 당신께 돌아가려 할 것이며
> 죽어진대도 당신 향한 그리움은 영원히 남으리라

> 죽지 않는다면 반드시 돌아올 것이며
> 죽는대도 사랑으로 그대 곁에 영원히 남겠소

이렇게 여러 버전으로 다시 쓰고, 또 다시 쓸 수 있다. 어떤 건 애절하게, 어떤 건 비장하게….

내가 특히 좋아하는 건, 제목 〈유별처〉다. 별처는 아내와 이별한다는 말인데, 문제는 유(留)자다. 머문다는 뜻이다. 떠나지 않는 '유'(留)와 헤어져 떠나는 '별'(別)을 함께 쓰는, 이 같은 '모순된 조화'는 한문이 가진 독특한 매력이다. 몸은 떠나지만 언제나 아내 곁에 머물 것이라는 암시, 아내와 차마 헤어지지 못하는 마음…. 논리적이진 않지만 의미만은 가슴에 확 와서 닿는 이 언어들.

내 소설 제목인 〈적우(敵友)〉도 이런 기법을 활용했다. 원수(敵)와 친구(友)는 논리적으로는 서로 양립할 수 없는 존재이나, 인간의 실존적 삶 속에선 얼마든지 존재 가능하다. 한비자와 진시황은 인간적으로는 서로 이상과 의지가 통하는 벗이었지만, 그들이 대변하는 나라의 이익이 갈리는 지점에선 적이 될 수밖에 없는 운명을 표현한 말이다.

'老男孩(노남해)'도 모순적 표현법이다. 우리나라에서도 방영된 중국드라마 제목인데, '노남해'를 영어로는 'Old boy'로 번역했다. 나이만 먹은 철부지 같은 어른이라는 말이다. 중국어로도 영어로도 한 단어로 표현이 되는데, 묘하게도 우리말로는 딱 떨어지는 단어가 없다.

'늙은 소년' '늙은 남자 어린이'. 직역으로 옮겨놓으면 너무 이상하다. 뜻은 알겠는데 우리 정서나 감성에 맞는 말이 아니다. 언어는 의미뿐 아니라 정서와 문화도 표현할 수 있어야 한다. '철부지 어른' '철부지 남자' '어린애 같은 그 남자'. 이런 식의 표현이 오히려 거부감이 덜 하다. 다른 언어를 번역할 때에는 이렇게 의미와 정서, 감성, 그리고 다른 언어를 우리 문화에 어울리도록 표현하는 법도 찾아야 한다.

쉬운 것 하나만 더 해보자. 드라마 제목 얘기가 나온 김에 드라마 제목으로. 요즘 우리나라에 중국 드라마가 많이 수입되면서, 재미있는 중국식 제목을 많이 알게 됐다. 그래서 가끔 눈에 띌 때마다 혼자서 이런 제목들을 우리말로 옮겨보는 놀이를 한다. 은근히 재미있다. 한번 해보시기를…

중국드라마 중에 '고방부자상(孤芳不自賞)'이라는 드라마가 있었다. 이 제목을 처음 봤을 때, 뜻을 생각해내느라 꽤 머리를 굴렸었다. 고방이란 홀로 뛰어난 향기라는 뜻인데, 부자상이란 자신에겐 상 혹은 이익이 아니라는 말? 벌 혹은 재앙? '너무 뛰어난 재주는 그 자체로 재앙 혹은 벌과 같은 것'이라는 이미지가 떠올랐다. '아름다운 털을 가진 짐승은 그 털 때문에 사냥꾼의 사냥감이 되고, 빼어나게 아름다운 꽃은 그 아름다움 때문에 꺾인다.'는 이야기의 다른 표현.

그래서 인터넷 검색을 해봤다. 고방자상(孤芳自賞)은 원래 청나라 시절 어느 시인의 시에 나오는 글귀로, '홀로 향기를 내며 만족해 한다.'는 뜻이란다. 도도하고 오만하고 독선적인 사람을 이르기도 하고, 특출한 사람이 초탈해 있는 모습을 표현하기도 한다고 했다. 시쳇말로 '자뻑대마왕' '차도남'의 이미지다.

여기에 부(不)가 들어갔다. 혼자서 아름다운 향기를 내봐야 소용이 없다. 아름다운 향기도 누군가 알아주어야만 비로소 값어치가 있다. 네티즌들은 이런 의미로 많이 해석을 하고 있었다. 이 대목에서 나는 김춘석 시인의 '꽃'을 생각했다.

> 내가 그의 이름을 불러주기 전에는
> 그는 다만
> 하나의 몸짓에 지나지 않았다

내가 그의 이름을 불러주었을 때
그는 나에게로 와서
꽃이 되었다

내가 그의 이름을 불러준 것처럼
누가 이 빛깔과 향기에 알맞은
누가 나의 이름을 불러다오
그에게로 가서 나도
그의 꽃이 되고 싶다

그리하여 결국 이 드라마를 보고야 말았다. 드라마를 보고 내린 결론은 초반에는 내가 했던 해석 '지나치게 뛰어난 재주는 자체로 재앙과 같은 것'이라는 게 맞는 것 같고, 뒷부분에선 김춘수 시인의 '꽃'이 맞는 것 같았다. 어차피 이런 은유적 표현은 자유롭게 상상하고 해석할 수 있고, 얼마나 새롭게 해석하느냐는 자신의 표현력과 상상력에 달렸고, 새로운 해석을 해낸 것은 자신의 자산이다.

여기까지 내가 한문을 가지고 노는 방법을 예시해 봤다. 이렇게 드라마 제목이나 쉬운 시구 등 간단하게 놀면서 표현을 고민해볼 거리는 무궁무진하다.

시(詩)를 권함

이제는 마음에서 놓았지만 한동안 내려놓지 못했던 것이 시(詩)였다. 아무리 애써도 내겐 시적 감성과 표현은 없는 듯하다. 문학은 열망만으로는 안 된다.

그럼에도 시가 있음에 풍부한 언어생활의 가능성을 갖게 된다. 시는 아주 짧은 시간 안에 언어가 가슴을 퍽 지르거나 뒤통수를 후려치는 것을 경험하게 한다. 이게 무슨 말이냐 하면…, 다시 한 번 백석의 시로 돌아가 보자.

나와 나타샤와 흰당나귀 _ 백석

가난한 내가
아름다운 나타샤를 사랑해서
오늘밤은 푹푹 눈이 나린다

나타샤를 사랑은 하고
눈은 푹푹 날리고
나는 혼자 쓸쓸히 앉어 소주(燒酒)를 마신다
소주를 마시며 생각한다
나타샤와 나는
눈이 푹푹 쌓이는 밤 흰당나귀 타고
산골로 가자 출출이 우는 깊은 산골로 가 마가리에 살자

눈은 푹푹 나리고
나는 나타샤를 생각하고
나타샤가 아니 올 리 없다
언제 벌써 내 속에 고조곤히 와 이야기한다

산골로 가는 것은 세상에 지는 것이 아니다
세상 같은 건 더러워 버리는 것이다

눈은 푹푹 나리고
아름다운 나타샤는 나를 사랑하고
어데서 흰당나귀도 오늘밤이 좋아서 응앙응앙 울을 것이다

논리적이고 기술적으로는 연결이 안 되는 문장구조인데, 그 감정만은 가슴에 확 다가오지 않는가. 문장을 해부해서 분석해 본다면 이 문장의 연결은 말이 안 된다.

'가난한 내가/아름다운 나타샤를 사랑해서/오늘밤은 푹푹 눈이 나린다.' 나타샤를 사랑하는 것과 오늘 밤 눈이 나리는 것이 무슨 관계가 있나…. 이런 식으로 따지기 시작하면 글쓰기는 시작할 수 없다.

눈이 내리는 밤, 아직도 사랑하는 나타샤는 오지 않았는데, 눈은 계속 푹푹 나리고, 그것이 가난한 내가 아름다운 그녀를 사랑해 하늘이 화를 내는 것 같기도 하고, 그러면서도 그 눈을 밟고서 떠나는 그녀와의 도피를 생각하면 행복하고…. 그녀와의 도피를 정당화하려 애쓰는 이 불안정한 남자의 모습을 떠올리며 가슴에 담을 수 있는 감수성. 글쓰기의 인프라가 되는 것은 그런 것이다.

나타샤가 누구냐. 일제치하의 조국 등등의 해석은 잊자. 사람들은 글을 보면 일단 논리적으로 따지려는 습관이 있는데, 시는 그로부터 자유롭다. 시는 어차피 논리적이지 않다. 논리적으로 분석해내는 데 진력하는 우리 교육방식이 문제일 뿐. 논리적이지 않은 것을 감성으로 받아들일 수 있는 능력은 공감

의 능력으로부터 나온다. 그런 공감 능력은, 논리적으로 모순된 인간의 실존적 삶에 대한 안목과 이해의 폭이 넓을수록 점점 확대될 수 있다.

시가 문장력에 도움을 주는 대목도 바로 그런 문법으로부터의 자유, 인과관계에 얽매이지 않는 감성, 사물을 다르게 볼 수 있는 눈, 은유적 묘사의 힘, 새로운 표현력 등을 경험할 수 있다는 점이다.

병원 _ 윤동주

살구나무 그늘로 얼굴을 가리고, 병원 뒤뜰에 누워, 젊은 여자가 흰 옷 아래로 하얀 다리를 드러내 놓고 일광욕을 한다.
한나절이 기울도록 가슴을 앓는다는 이 여자를 찾아오는 이, 나비 한 마리도 없다.
슬프지도 않은 살구나무 가지에는 바람조차 없다.

나도 모를 아픔을 오래 참다 처음으로 이곳에 찾아왔다.
그러나 나의 늙은 의사는 젊은이의 병을 모른다. 나한테는 병이 없다고 한다.
이 지나친 시련, 이 지나친 피로, 나는 성내서는 안 된다.

여자는 자리에서 일어나 옷깃을 여미고 화단에서 금잔화(金盞花) 한 포기를 따 가슴에 꽂고 병실 안으로 사라진다.
나는 그 여자의 건강이, 아니 내 건강도 속히 회복되기를 바라며 그가 누웠던 자리에 누워 본다.

윤동주 시인의 시는 다 좋아하지만, 가슴 속에 콱 박혀 있는 시는 〈병원〉이다. 지나친 시련과 피로에 시달리는 시인, 그러나 의사는 병이 없다고만 하고, 의사에게조차 아픔을 공감 받지 못하는 답답하고 화나는 상황에서도 다른 아픈 이를 동정하고 공감하는 시인의 따뜻하고 착한 품성. 살구나무조차도 슬픔을 잊은, 타자에 공감하지 않는 시대에 여전히 공감을 잃지 않은 그 따뜻한 시인의 비극적 삶과 죽음. 이 모든 것들이 한꺼번에 밀어닥치며 가슴 뻐근하게 만드는 감성. 이것만 느껴보면 된다.

해설서를 버리고 시만 읽기를 권한다. 나는 고등학교 다닐 때까지만 해도 시가 이렇게 좋은 건지 몰랐다. 오히려 시를 싫어했다. 단어별로 쪼개가며 빨간 글씨로 빼곡하게 메모된 시를 보면 그저 가슴이 답답했다. 시가 내 안으로 들어오기 시작한 건, 시로 시험을 보지 않아도 되었을 때부터다.
'그 오랜 세월 시를 배우고도 시를 느끼지 못하도록 만든 우리 시대 시 교육을 어떻게 하나.'
우린 너무 오랫동안 시를 해설서와 함께 읽고, 분절해가며 분석하고, 시인도 생각하지 못했을 의미를 부여하는 데에 길들어 있다. 해설서를 보려는 욕망을 억누르며, 이 습관을 고치는 데는 시간이 좀 걸릴 거다. 해설서에 대한 금단현상은 생각보다 오래 갈 수 있다. 하지만 참아가면서 시를 보다 보면 어느 순간, 시가 가슴으로 '훅' 들어오는 날이 있을 거다.

시, 은유와 구체성의 사이

손오공은 시인이다. 〈서유기〉가 감탄스러운 것은 스토리와 시가 자연스럽게 섞이면서 시너지를 내는 문학적 효과 덕분일 거다. 손오공도 기분이 내키면 시 한 수 읊으며 자기 심정을 표현하는 건 물론이다. 삼장법사와 손오공이 길을 가면서 맞이한 겨울을 이 소설에선 시로 표현한다.

> 울긋불긋 단풍잎 서리 맞아 떨어지니
> 천산의 나무 숲 앙상한 가지 드러내고
> 영마루 송백 서너 그루만 푸르름이 빼어나다
> 봉오리도 터뜨리지 못한 겨울 매화가
> 그윽한 향기부터 흩날리니 …

이제 막 겨울로 들어가는 초겨울의 묘사가 명쾌하면서도 빼어나지 않은가. 원래 중국 소설은 스토리와 시가 함께 어우러지는 게 특징이다. 〈서유기〉는 그중에서도 이런 어울림이 아주 빼어난 작품이다. 산문과 시를 어떻게 서로 조화하며 쓸 수 있는지를 보려면 〈서유기〉 만한 책이 없다.

시는 은유의 예술이라고 하지만, 그로 인해 느끼는 감정은 매우 직접적이고 구체적인 경우가 많다. 특히 고대 한시(漢詩)에선 주절주절 늘어놓지 않고도 아주 예리하게 현실을 드러내고, 삶의 고단함과 슬픔 같은 격한 감정들을 담담하게 표현하는 시들이 많다.

그러나 그 절제되고 담담한 시어들에서 내가 느끼는 감정은 담담하지 않다. 예시되는 두 편을 보고 그 느낌을 포착해 보자. 그리고 담담한 표현이 주는 격하고 깊은 감정이 무엇인지도 고민해보기 바란다.

北門(북문)

出自北門 (출자북문) 북문을 나서니
憂心殷殷 (우심은은) 시름 깊어 마음이 울울하고
終窶且貧 (종구차빈) 시종 누더기 신세 가난해도
莫知我艱 (막지아간) 아무도 내 어려움 몰라
已焉哉 (이언재) 어쩌랴
天實爲之 (천실위지) 하늘이 하시는 일인데
謂之何哉 (위지하재) 이를 뭐라 하겠나
王事適我 (왕사적아) 왕의 명령은 나한테만 떨어지고
政事一埤益我 (정사일비익아) 세금도 나한테만 늘어나는데
我入自外 (아입자외) 밖에서 집으로 돌아오면
室人交徧讁我 (실인교편적아) 식구들은 교대로 나를 나무라네
已焉哉 (이언재) 어쩌랴
天實爲之 (천실위지) 하늘이 하시는 일인데
謂之何哉 (위지하재) 이를 뭐라 하겠나
王事敦我 (왕사돈아) 왕의 명령은 내게만 집중되고
政事一埤遺我 (정사일비유아) 세금도 내게만 쌓이고
我入自外 (아입자외) 밖에서 돌아오면
室人交徧催我 (실인교편최아) 식구들은 번갈아 나만 몰아치네
已焉哉 (이언재) 어쩌랴
天實爲之 (천실위지) 하늘이 하시는 일인데

謂之何哉 (위지하재) 이를 뭐라 하겠나　(출처 詩經 邶風 40)

戰城南(전성남)

戰城南 (전성남) 성 남쪽에서 싸우다
死郭北 (사곽북) 북쪽에서 죽었소
野死不葬烏可食 (야사불장오가식) 들판 주검들 장사 못 지내니 까마귀 밥이라
爲我謂烏 (위아위오) 나를 위해 까마귀에게 말해주오
且爲客豪 (차위객호) 황천길 객을 위해 호곡이라도 해달라고
野死諒不葬 (야사량불장) 들판의 주검들 묻지 못하니
腐肉安能去子逃 (부육안능거자도) 썩은 고기가 어찌 그대에게서 도망치겠소
水聲激激 (수성격격) 철철 흐르는 물소리
蒲葦冥冥 (포위명명) 컴컴하게 우거진 갈대숲
梟騎戰鬪死 (효기전투사) 날랜 기병이 싸우다 죽었으니
駑馬裴徊鳴 (노마배회명) 지친 말은 서성거리며 울고 있구려　(출처_樂府詩集)

시는 원래 정치적 대화의 수단이기도 하다. 고대부터 시의 용도는 정치의 한 부분이었다. 정치인과 지식인들 사이엔 요즘말로 서로 '간 보는' 고급스러운 수단으로 시를 활용했다. 은유적 표현 기법이 이를 가능하게 한다. 정치를

논하면서 시를 모르면 안 된다. 예전에 써놓은 칼럼 중에 이런 내용이 있어서 그 칼럼으로 대체한다.

정치인에게 시를 권함

정치인들이 현안을 놓고 시(詩)로 대화하는 것은 오래된 대화의 기법이다. 동서양이 마찬가지다. 공자(孔子)도 '시를 배우지 않으면 말을 할 수 없다(不學詩 無以言)' 고 했을 정도다. 시는 본래 정치적 화법의 중심에 있었다. 최근 문무일 검찰총장의 한시(漢詩)가 화제가 됐었다. 문재인 대통령이 문 검찰총장을 임명하며 "어려운 시기에 중책을 맡으셨다."고 하자 문 총장이 대만 학자 난화이진(南懷瑾)의 시로 대답했던 것이다.

하늘이 하늘 노릇하기 어렵다지만
4월 하늘만 하랴
누에는 따뜻하기를 바라는데
보리는 춥기를 바라네
집을 나선 나그네는 맑기를 바라고
농부는 비 오기를 기다리는데
뽕잎 따는 아낙네는 흐린 날씨를 바란다

이 시는 미묘한 파장을 불러왔다. '검찰개혁'의 총대를 멘 검찰총장이 청와대와 입장이 다르다는 점을 우회적으로 표현했다는 해석이 분분했다. 청와대는 "각계각층의 요구를 충족시켜야 하는 대통령은 얼마나 힘드시

냐는 의미였다."고 해석했다.

번역시로 보면 두 해석이 모두 그럴듯해서 원문을 찾아보니 문 총장의 애초 의도는 대통령의 어려움에 대한 위로로 보는 게 맞겠다는 생각이 들었다. 특히 첫 구절, 주천난주사월천(做天難做四月天). 사월 하늘(四月天)은 각박하고 변덕스럽고 힘들다. 하늘이 되었는데(做天) 하필 각박한 4월 하늘이 되었으니(做四月天) 얼마나 어렵겠느냐는 뜻이다. 첫 구절만 원문으로 읊고 해석을 붙였으면 깔끔하게 뜻이 통했을 것을, 뒷 구절까지 붙이는 바람에 해석 논란으로 번진 것이다. 실로 뒷부분은 입만 열면 검찰개혁을 외치는 신 정권에 긴장하고 있을 검찰 조직을 위로하는 의미로 읽힐 수 있어서다. 문 총장의 시에 대한 감수성이 떨어져서인지 넘쳐서인지는 알 수 없으나 어쨌든 결과적으론 검찰 조직도 위로하고, 대통령도 위로하는 두 개의 메시지를 동시에 던졌다.

시는 은유·비유·암시를 통해 자신의 뜻을 전달할 수 있어 대화 시작의 수단으로 이점이 많다. 대화를 하려면 상대의 의중을 알아야만 그 다음 단계로 진전할 수 있다. 만일 상대와 화합할 수 없는 의견차가 있다면 대화를 멈춰야 한다. 자칫 감정의 갈등으로 치달으면 견해차만 더욱 확실해져 소통이 안 된다. 이럴 때 자신의 의중을 은유적으로 알리면서 상대의 의중을 점잖게 떠보는 기법으로 시 만한 것이 없다. 직설법은 물러서기 어렵지만 시는 물러설 곳을 마련해 준다. 이게 바로 은유적인 '시의 대화'가 갖는 묘미다.

고대로부터 식자층의 시는 단순히 감성을 고양하는 문학적 용도로만 활용되지 않았다. 시는 주요한 정치적 대화의 수단이었다. 이방원(李芳遠)의 '하여가(何如歌)'와 정몽주(鄭夢周)의 '단심가(丹心歌)'는 시의 대화를 통해 역사적 국면을 바꾼 대표적 장면이다.

공자(孔子)는 시의 중요성을 끊임없이 강조했다. 공자가 당대 시 300여 편을 묶어 '시경(詩經)'을 편찬한 것은 모두가 아는 바다. 이런 공자의 시 사랑을 놓고 문학적·정서적으로 해석하는 경우가 많기는 하다. 하지만 공자는 평생 벼슬을 구하기 위해 전국을 주유하며 제후들에게 유세한 사람이다. 그의 가르침은 좋은 인간이 되라는 것을 넘어 좋은 정치인과 벼슬아치의 처신을 논한 것이었다. 논어(論語)에서 공자는 시를 공부하는 중요성을 이렇게 강조한다.

"시 삼백 편을 외웠더라도 그에게 정치를 맡겼을 때 잘 해 내지 못하고, 사방에 사신으로 가서 외교에 제대로 응대하지 못하면 시만 많이 외웠다고 무슨 소용이 있는가."(자로편)

"시를 배워야 임금을 섬길 수 있다."(양화편)

이처럼 시는 정치적 언어로서의 이점이 상당히 많다. 시로 문답을 하면 말의 행간을 해석하기 위해 사색하게 됨으로써 오히려 폭넓은 소통이 가능해진다.

그런 점에서 문 총장의 시에 대해 문 대통령이 검찰개혁의 당위성을 첫째, 둘째, 셋째로 나열하는 '직설법'으로 대응한 건 아쉬웠다. 이는 직설법밖에 없는 우리 정치인들의 화법을 보여준 장면이기도 했다. 직설법은 의미가 분명하지만 물러설 곳이 없어 여유가 없고 전투적이다. 정치인들의 언어에 여유와 사색의 여백을 둔다면 이 각박한 정치현실이 조금은 숨 쉴 여유가 생기지 않을까. 정치인들에게 시 공부를 권하고 싶다.

(2017.8.6./중앙SUNDAY)

3 실전을 위한 준비

글은 자유이며, 글에 대한 세간의 금기들을 잊으라고 했다. 이 말은 또한 남의 글을 놓고, 분절·분석·비판하거나 꼬투리 잡으려 애쓰는 데 기운을 빼지 말라는 말이기도 하다. 요즘은 '비평'이나 '비판'을 흠을 잡는 것이라고 잘못 생각하는 경향이 강해 일부러 흠만 찾아다니는 사람들도 있는 듯하다.

하나 남의 일에 기운을 빼는 건 자신이 망하는 일이다. 진짜를 많이 봐야 진짜를 고를 수 있다고도 했다. 남의 잘못을 들추는 습관이 몸에 배면, 좋은 것이나 제대로 된 것은 무엇인지 구별하지 못 한다. 자신의 스코프를 아예 남의 약점 찾기에 맞추어 버리면 약점이 아닌 장점을 버리게 되는 묘한 사이클이 생긴다. 애초 나쁜 일엔 마음을 쏟지 말아야 한다.

또 남의 문구에서 굳이 잘못된 점을 찾아 고치는 방식의 문장 연습은 별로 좋은 방법이 아니다. 문장은 전체 글의 조화를 보라고 했다. 그러므로 문장 하나만 보면 더 좋은 방법이 나올 수 있어도 전체와의 조화에서 그렇지 않을 수도 있다. 그러므로 남의 문장으로 공부를 하려면 아예 처음부터 그의 문장을 잊고 자신의 문장으로 다시 표현하는 방식을 취하는 게 좋다. 고치지 말고 스스로 만들라는 말이다. 고치는 게 버릇이 되면 수선공밖에는 안 된다.

논객은 검객에 비유된다. 검객의 무기는 검이고, 논객의 무기는 펜이다. 검객엔 불한당도 있고, 자객도 있고, 청부업자도 있고, 협객도 있고, 대협도 있다. 논객도 마찬가지다. 글을 쓴다고 해서 모두 선과 정의를 위해 펜을 세우지는 않는다. 검객과 마찬가지로 소인배와 불한당이나 아첨꾼부터 대협과 현자

(賢者)에 이르기까지 개인의 소양과 능력, 인품과 세계관에 따라 천차만별이다. 자신이 어디에 속할 것인지는 검객이든 논객이든 칼과 펜을 언제 어떻게 쓰느냐에 달렸다.

협기로 글을 쓰고 싶다면 뜻은 '대협'이 되는 데 두기를 바란다. 원래 '대협'(大俠)은 잔칼질은 하는 게 아니다. 결정적인 순간, 한두 초식에 '아야!' 소리도 못 하게 보내버리는 것. 결과는 잔인하더라도 과정과 방식은 우아해야 하며, 빈틈 없어야 한다. 그게 제대로 된 대협의 비판적 글쓰기이다. 귀찮고 기분 나쁘게 물고 늘어지면서 비아냥대고 깐족거리는 건 강아지들이나 하는 짓이다.

비판한답시고 혐오의 언사를 남발하는 건 자기 얼굴에 침을 뱉는 행위다. 요즘 디지털 세상에선 '모두 까기'식의 글이나 속 시원하게 욕하는 거친 글들이 환호를 받고, 인기글로 올라간다. 인기를 얻는 데 마음을 뺏기면 거친 글을 갖기 쉬운 풍토다. 그러나 글은 자신의 품격과 인품을 드러내는 또 하나의 얼굴이다. 자기 얼굴은 언제나 맑게 지켜야 한다는 게 내 생각이다. 인기는 물거품 같은 것이고, 얼굴은 죽는 날까지 나에게 남는 것이므로 더 중요하다.

지금 인프라를 공부하는 여러분은 남의 글에서 흠을 찾을 겨를이 없다. 좋은 점만 내 것이 되도록 훔쳐올 것. 나쁜 건 무심하게 버리도록 할 것. 명심하자.

나는 앞에서 글쓰기 인프라를 다지는 훈련방법으로 베껴 쓰기, 요약하기, 일기쓰기 세 가지 방법을 제시했다. 이 중 하나만 하고 싶다면 자신의 '인생의 책' 한 권을 베껴 쓰고, 자기 버전으로 다시 써보는 것을 권한다.

그 정도는 투자해야 비로소 글쓰기가 시작된다. 글쓰기 책만 백날 읽어봐야 사진 속 풍경을 보는 것과 똑같은 일이 될 것이다. 엄두가 안 난다고? 천천히

느리게 해도 1년이면 될 일이다. 성질 급한 사람은 한 달도 안 걸릴 일이다. 이 시간 아끼자고 평생 글쓰기 교실만 다니는 우를 범해선 안 된다.

그리고 나서 장르를 정해야 한다. 글쓰기 인프라까지는 한글로 글을 쓰려는 사람들은 누구나 알아야 하는 공통기본과목 같은 거다. 하지만 이제부터는 자신이 쓰고 싶은 장르에 따라 그 분야에 맞는 글쓰기를 개발해야 한다.

글쓰기는 장르별로, 쓰는 논리와 전개 방식이 섬세하게 다르다. 그러므로 장르별 글쓰기 기법을 익혀야 한다.

예전에 한 후배가 논설위원실에 와서 처음 칼럼을 썼다. 기사를 꽤 잘 쓰는, 그러니까 글을 잘 쓰는 친구였다. 나름 끙끙거리며 칼럼을 마무리한 뒤 조용히 내게 와선 "선배, 이렇게 쓰면 되는지 한번 봐 주세요."했다. 봤더니 칼럼이 아니라 해설박스였다. 내용은 다 들어있는데 글의 배치가 문제였다. 그래서 "칼럼은 상황 묘사가 아니라 네 관점을 보여주는 거다."라는 한 마디, "나 같으면 글의 배치를 이렇게 바꾸겠다."는 조언, 두 마디만 해주었다. 그러자 그는 이내 알아듣고 다시 썼다. 그 친구도 20년 넘게 기자로 일한 언론 글쓰기의 전문가다. 그러나 기사와 칼럼으로 장르가 달라지자 금세 궤도 수정을 못한 것이다.

장르별 글쓰기는 기술적인 부분이다. 쌀과 물이 있다고, 밥을 해먹을 수 있는 건 아니다. 밥 짓는 방법을 알고 밥을 지어야 먹을 수 있다. 기술적인 부분을 무시해선 안 된다.

이제 자신의 글쓰기에 대해 찬찬히 생각해보자. 칼럼을 쓰고 싶은지, 자서

전을 쓰고 싶은지, 실용서를 쓰고 싶은지, 교육용 도서를 쓰고 싶은지, 연설문을 쓰고 싶은지, 기행문을 쓰고 싶은지, 동화책을 쓰고 싶은지, 소설을 쓰고 싶은지….

장르를 정한 뒤 자신의 첫 작품을 구체적으로 생각하기 바란다. 책을 쓰고 싶으면, 책의 개략적인 구조를 만들고, 이에 필요한 자료를 모으고, 관련 독서를 하고, 평상시에 필요한 메모를 하고, 한 부분씩 써내려가는 것이다. 완전히 실전처럼 말이다. 인프라 정도를 익혔으면 곧바로 실전으로 들어가는 게 가장 많이 는다. 학생만 하려고 하다 보면 평생 배우다 끝난다.

실전처럼 만든 글이라고 해도 곧바로 결실을 보긴 어려울 거다. 나는 습작으로 완성한 소설이 장편으로만 10편 이상 되지만 두 편만 발표했다. 완성된 작품집 8권 이상은 버려야 한다고 생각해야 한다. 또 〈한비자〉 해설서와 번역집 등 한비자 관련 책만 5종 이상 썼지만 결국 소설 하나를 발표했고, 최근 완성한 '제왕학' 관련 교재 정도만 남겼다.

버려진 글을 아까워해선 안 된다. 그렇게 버리는 글들을 많이 썼기 때문에 남는 글이 생기는 거다. 그리고 글을 쓰면서 계속해서 현장에 부딪쳐 보려고 노력해야 한다. 제도권 안으로 들어가면 글쓰기 요령도 알게 되고, 자신의 글쓰기에 어떤 장점과 단점이 있는지 알게 된다. 한 장르에 익숙해지도록 전력한 뒤에 다른 장르로 바꾸어 보면 훨씬 수월하다는 걸 알게 될 거다.

여러분의 분발과 건투를 빌며…

양선희 대기자의
글맛 나는 글쓰기

발행일	2020년 10월 30일
지은이	양선희
발행인	양선희
발행처	독서일가
편집 디자인	소소 크리에이티브
출판등록	2020-00140

전 화 02-6489-2020
e-mail mail@dsilga.com
http://dsilga.com

Copyright 독서일가 2020

ISBN 979-11-970996-2-5(13700)
가격 14,000원

이 도서는 한국출판문화산업진흥원의
'2020년 출판콘텐츠 창작 지원 사업'의 일환으로
국민체육진흥기금을 지원받아 제작되었습니다.

이 책은 저작권법에 따라 보호받는 저작물이므로 무단 전재와 무단 복제를 금합니다.
이 책의 내용을 사용하고자 할 때는 저작권자와 독서일가의 허락을 받아야 합니다.
이 도서의 국립중앙도서관 출판예정도서목록(CIP)은 서지정보유통지원시스템 홈페이지(http://seoji.nl.go.kr)와
국가자료종합목록 구축시스템(http://kolis-net.nl.go.kr)에서 이용하실 수 있습니다. (CIP제어번호 : CIP2020033414)